Postmortaler Persönlichkeitsschutz gegen Buchveröffentlichungen im System des Französischen Deliktsrechts

Europäische Hochschulschriften
Publications Universitaires Européennes
European University Studies

Reihe II
Rechtswissenschaft

Série II Series II
Droit
Law

Bd./Vol. 4309

PETER LANG
Frankfurt am Main · Berlin · Bern · Bruxelles · New York · Oxford · Wien

Malte Matthias Klinge

Postmortaler Persönlichkeitsschutz gegen Buchveröffentlichungen im System des Französischen Deliktsrechts

Eine rechtsvergleichende Analyse anhand kassationsgerichtlicher Urteile

PETER LANG
Europäischer Verlag der Wissenschaften

Bibliografische Information Der Deutschen Bibliothek
Die Deutsche Bibliothek verzeichnet diese Publikation in der Deutschen Nationalbibliografie; detaillierte bibliografische Daten sind im Internet über <http://dnb.ddb.de> abrufbar.

Zugl.: Marburg, Univ., Diss., 2005

D 4
ISSN 0531-7312
ISBN 3-631-54645-9

www.peterlang.de

Meinen Eltern

Danksagung

Bei meinem Doktorvater, Herrn Prof. Dr. Georgios Gounalakis, habe ich dafür zu danken, dass er mir bei Konzeption und Erstellung dieser Arbeit die größtmögliche Freiheit gelassen hat und gleichzeitig immer für ein Gespräch zur Verfügung stand. Frau Prof. Dr. K. Langenbucher gilt mein Dank für eine außergewöhnlich schnelle Korrektur. Ganz besonders jedoch danke ich meinen Eltern für Ihre Unterstützung und Frau Mathilda Michaela Gaspersic, die mir geduldig mit Rat und Tat zur Seite stand.

Marburg, den 10.10.2005, M. Klinge

Inhaltsverzeichnis

Abkürzungsverzeichnis

A.	Auflage
a.A.	andere Ansicht
aaO.	am (zuvor) angegebenen Ort
AcP	Archiv für civilistische Praxis
Anh.	Anhang
Anm.	Anmerkung
Bd.	Band
BGB	Bürgerliches Gesetzbuch
BGH	Bundesgerichtshof
BGHZ	Entscheidungen des Bundesgerichtshof in Zivilsachen
Bull. Civ.	Bulletin des arrêts de la Cour de Cassation (Chambre civile)
BverfG	Bundesverfassungsgericht
BverfGE	Entscheidungen des Bundesverfassungsgericht
Cc.	Code civil
CA	Cour d'appel
Cass. Civ.	Cour de Cassation (chambre civil)
D.	Dalloz, Recueil périodique et critique de jurisprudence, de legislation et de doctrine
Diss.	Dissertation
f.	folgende Seite
FS	Festschrift
G.	Gesetz
Gaz. Pal.	La Gazette du Palais
GG	Grundgesetz
i.V.m.	in Verbindung mit
J-Cl. civ.	Juris-Classeur, responsabilité civile
JCP	Jurisclasseur périodique (heute: La Semaine Juridique)
mnW.	mit weiteren Nachweisen
PresseG	Pressegesetz (Loi relative à la liberté de la presse, vom 29.07.1881)
réf.	référé
RTD civ.	Revue trimesterielle de droit civil
RTD com.	Revue trimesterielle de droit comparé
S.	Seite

s.	siehe
TGI	Tribunal de grande instance
u. a.	unter anderem
vgl.	vergleiche
zit.	zitiert

Literaturverzeichnis

Adenaes, Johs: Der Frieden des Privatlebens – Betrachtungen zum Persönlichkeitsrecht, in: Archiv für Urheber-, Film-, Funk- und Theaterrecht (UFITA) Bd. 30 (1960), 30 – 65, zit.: Adenaes, (UFITA) Bd. 30 (1960), 30 (Seite).

Agostini, Eric: Observations sur CA Paris, 26.03.1987 et TGI Paris, 4 mars 1987, in: La Semaine Juridique 1987 II, 20904, zit.: Agostini, JCP 1987 II, 20904.

Agostini, Eric: Le grand secret, in: Recueil Dalloz Sirey de jurisprudence et de législation 1996, chronique 58 – 58, zit.: Agostini, D. 1996, chr. 58 (58).

Allfeld, Philipp: Benutzung lebender oder kürzlich verstorbener Personen als Gegenstand dramatischer Darstellung, in: Deutsche Juristen – Zeitung (DJZ) 1922, Spalten 584 – 588, zit.: Allfeld, DJZ 1922, 584 (Spalte).

Alternativkommentar: Kommentar zum Bürgerlichen Gesetzbuch in sechs Bänden, hrg. von Rudolf Wassermann: Bd. 4: Sachenrecht (§§ 854 – 1296), 4. A. 1983 Neuwied, bearbeitet u. a. von: Dubischar, Roland; Joerges, Christian zit.: AK-Bearbeiter, §, Rnr.

Amson, Daniel: Droits de la personnalité, in: Recueil Dalloz Sirey de jurisprudence et de législation 1988, sommaires commentés 197 – 200, zit.: Amson D. 1988, som 197 (Seite).

Amson, Daniel: Droits de la personnalité, in: Recueil Dalloz Sirey de jurisprudence et de législation 1989, sommaires commentés 91 – 94, zit.: Amson, D. 1989, som., 91 (Seite).

Amson, Daniel: Droits de la personnalité, in: Recueil Dalloz Sirey de jurisprudence et de législation 1989, sommaires commentés 356 – 360, zit.: Amson D. 1989 som. 356 (Seite).

Auvret, Patrick: Observations sous TGI Paris rèf. 17 juin 1987, in: La Semaine Juridique 1988, II, jurisprudence, 20957, zit.: Auvret, JCP 1988, II, 20957 (Gliederungszeichen)

Badinter, Robert: Le droit au respect de la vie privée, in: La Semaine Juridique 1968, I. 2136, zit: Badinter, JCP 1968, I, 2136, N°.

Badinter, Robert: La Protection de la vie privée contre l'écoute éléctronique clandestine, in: La Semaine Juridique 1971, I, 2435, zit.: Badinter, JCP 1971, I, 2435, RNr.

Baur, Jürgen Fritz; Stürner, Rolf: Sachenrecht, begründet von Fritz Baur, 16. A. 1992, München, zit.: Baur/Stürner, Gliederungszeichen, Seite

Beigner, Bernard: L'honneur et le droit, 3. A. 1995 Paris, zit.: Beigner, Seite.

Beignier, Bernard: Note sous Cass. 1re civ., 17 déc. 1996, in: La Semaine Juridique 1997, II, jurisprudence, 22888, zit.: Beignier, JCP 1997, II, jur., 22888 (Gliederungszeichen).

Bellet, Pierre: Grandeur et servitudes de la Cour de Cassation, in: Revue internationale de droit comparé Bd. 32 (1980), 293 -301, zit.: Bellet, RID comp. Bd. 32 (1980), 293 (Seite).

Bellet, Pierre: La Cour de Cassation, in: Revue internationale de droit comparé Bd. 32 (1978), 193 – 215, zit.: Bellet, RID comp. Bd. 30 (1978), 193 (Seite).

Bénabent, Alain: Droit civil. Les obligations, 8. A. Paris 2001, zit.: Bénabent, RNr., Seite.

Benkard, Georg: Persönlichkeitsrecht und Erfinderschutz, in: Gewerblicher Rechtsschutz und Urheberrecht (GRUR) 1950, 481 – 490, zit.: Benkard, GRUR 1950, 481 (Seite).

Berchon, Pierre: Juris-Classeur (JC) Civil, Art. 1382 à 1386, Droit de réparation, Fascule, 133-1, Loseblatt, Stand 1990, zit.: Berchon, JC civ. 1990, Gliederungszeichen, Rnr.

Bertin, Pierre: L'image à la synagogue, ou `Jéhovah n'excause point celui qui rougit de l'imporer ..., in: Gazette du Palais 1987, I, doctrine, 191 – 191, zit.: Bertin, Gaz. Pal. 1987, I, doct. 191 (Seite).

Bertrand, André: Droit à la vie privée et droit à l'image, Paris 1999, zit.: Bertrand, vie privée, RNr.

Bethge, Herbert: Das Persönlichkeitsrecht als Grundrecht, in: Archiv für Film-, Funk- und Theaterrecht (UFITA) Bd. 95 (1983), 251 – 256, zit.: Bethge, UFITA Bd. 95 (1983), 251 (Seite).

Bieler, Frank: Persönlichkeitsrecht, Organtransplantation und Totenfürsorge, in: Juristische Rundschau (JR) 1976, 224 – 230, zit.: Bieler, JR 1976, 224 (Seite).

Biesalski, Dieter: Grundzüge der Deliktshaftung nach Art. 1382, 1383 des Code Civil im französischen Recht, Diss. 1975 Mannheim, zit.: Biesalski, Gliederungszeichen, Seite.

Bigot, Christophe: Protection des droits de la personnalité et liberté de l'information, in: Recueil Dalloz Sirey de jurisprudence et de législation 1998 chronique 235 – 239, zit.: Bigot, D. 1998, chron. 235 (Seite).

Bonassies, Pierre: Die Ermessensfreiheit des Richters und die Rolle der Billigkeit im französischen Recht, in: Ermessensfreiheit und Billigkeitsspielraum des Zivilrichters – Verhandlungen der Fachgruppe für Grundlagenforschung anläßlich der Tagung für Rechtsvergleichung in Wien vom 18. bis 21. September 1963, in: Arbeiten zur Rechtsvergleichung, Schriftenreihe der Gesellschaft für Rechts-vergleichung, hrg. von Ernst v. Caemmerer, Heft 24, 1964 Frankfurt, Berlin, S. 53 – 83, zit.: Bonassies, Gliederungszeichen, 53 (Seite).

Bormann, Dirk Gerald: Die Praxis des Persönlichkeitsschutzes in Frankreich (im Vergleich zum Recht der Bundesrepublik Deutschland), Diss. 1974, München, zit.: Bormann, Seite.
Bussmann, Kurt: Persönlichkeitsrecht und Berichterstattung in Presse, Funk und Fernsehen, in: Juristische Rundschau (JR) 1955, 202 – 205, zit.: Bussmann, JR 1955, 202 (Seite).
Cabannes, Xavier: Le droit au respect de la vie privée: fondement et quantum de la responsabilité du journaliste indiscret (Conclusion sur Paris 15 mai 1970), in: Recueil Dalloz Sirey de jurisprudence et de législation 1970, jurisprudence, 466 – 471, zit.: Cabannes D. 1970, jur., 466 (468).
Calais, Bertrand: La mort et le droit, in: Recueil Dalloz Sirey de jurisprudence et de législation 1985, chronique XIV, S. 73 – 80, zit.: Calais, D. 1985, chronique, 73 (Seite).
Capitant, Henri: Sur l'abus de droit, in: Revue trimesterielle du droit civil 1928, 365 – 377, zit.: Capitant, RTD civ 1928, 365 (Seite).
Carbonnier, Jean: Droit civil, Bd. 4: Les obligations, 24. A. 2000 Paris, zit.: Carbonnier, Seite.
Carrigues, Brigitte: La contre-prestation du franc symbolique, in: Revue trimesterielle de droit civil 1991, 459 – 473, zit.: Carrigues, RTD civ. 1991, 459 (Seite).
Caron, Cristophe: Les morts n'ont pas de vie privée, in: Recueil Dalloz Sirey de jurisprudence et de législation 2000, sommaires commentés, 266 – 267, zit.: Caron, D. 2000, som., 266 (Seite).
Chabas, Francois: Les droits de la personnalité: Les personnes, la personnalité, Bd I, vol 2; 7. A. 1986 Paris, zit.: Chabas, Rnr., Seite.
Chang, Yeong-ming: Persönlichkeitsschutz und Gegendarstellung, Diss. 1997 Bonn, zit.: Chang, Gliederungszeichen, Seite.
Chartier, Yves: La réparation du préjudice, 1983 Paris, zit.: Chartier, Gliederungszeichen, Seite.
Choi, Heung-Sub: Die vorvertragliche Haftung (Culpa in Contrahendo) und der deliktsrechtliche Schutz primärer Vermögensinteressen – Rechtsvergleichende Untersuchung zum deutschen, englischen und französischen Recht, in: Europäische Hochschulschriften, Reihe II, Rechtswissenschaft, Bd. 1038, 1990 Frankfurt, Bern, New York, Paris, zugl. Diss. 1990 Osnabrück, zit.: Choi, Gliederungszeichen, Seite.
Coing, Helmut: Ehrenschutz und Pressefreiheit, 1960 Karlsruhe, zit.: Coing, Ehrenschutz, Gliederungszeichen, Seite.
Colombet, Claude: Propriété littéraire et artistique, in: Recueil Dalloz Sirey de jurisprudence et de législation 1995, sommaires commentés 284 – 288, zit.: Colombet, D. 1995, somm, 284 (Seite).

Cornu, Gérard: Droit civil. Introduction, les personnes, les biens, 9. A. 1999 Paris, zit.: Cornu, RNr., Seite.

Cornu, Gérard: Un Code civil n'est pas un instruments communautaire, in: Recueil Dalloz Sirey de jurisprudence et de législation Dalloz Numéro spécial – 8 avril 2004, Bicentaire du Code civil, S. 28 – 29 zit.: D. Numéro spécial, bicentaire du Code civil, 08.04.2004, S. 28 – 29.

Corves, Erich: Zur Praxis der Kassation in Frankreich, in: Deutsche Richterzeitung (DRiZ) 1966, 139 – 143, zit.: Corves, DRiZ 1966, 139 (Seite).

Costaz, Catherine: Le droit à l'oubli, in: Gazette du Palais, 1995, doctrine 961 – 970, zit.: Costaz, Gaz. Pal. 1995, II, doct. 961 (Seite).

Courtieu, Guy: Droit à réparation. Abus de droit. Notion, in: Juris Classeur civil, Art. 1382 à 1386, Fsac. 131 – 1, Stand 1997, zit.: Courtieu, J. Cl. Civil, Art. 1382 à 1386, Fasc. 131 – 1, 1997, RNr.

Decken, Georg von der: Meinungsäußerungsfreiheit und Ehrenschutz in der politischen Auseinandersetzung, Diss. 1980 Göttingen, zit.: Decken, Gliederungszeichen, Seite.

Deliyannis, David: La notion d'acte illicite consideré en sa qualité d'élément de faute délictuelle, Paris 1952, zit.: Deliyannis, Seite.

Demogue, René: Traité des obligations en général, tome III, 8. A., Paris 1911, zit.: Demogue RNr.

Dessemontet, François: Schadenersatz für Verletzung geistigen Eigentums nach schweizerischen und französischen Recht, in: Gewerblicher Rechtsschutz und Urheberrecht – Internationaler Teil 1980, 272 – 282, zit.: Dessemontet, GRUR-int 1980, 272 (Seite).

Drago, Roland: Observations sur CE 4 oct. 1974, in: La Semaine Juridique 1975, II, jurisprudence 17967, zit.: Drago, JCP 1975, II, 17967 (Gliederungszeichen).

Dupeux, Jean-Yves / Massis, Thierry / Bigot, Christophe: Droit de la presse, in: Recueil Dalloz Sirey de jurisprudence et de législation 1997, sommaires commentés S. 65 – 76, zit.: Dupeux/ Massis/ Bigot D. 1997, som. 65 (Seite).

Dupeux, Jean-Yves / Massis, Thierry / Bigot, Christophe: Droit de la presse, in: Recueil Dalloz Sirey de jurisprudence et de législation 1998, sommaires commentés, 79 – 88, zit.: Dupeux/ Massis/ Bigot D. 1998, som., 79 (Seite).

Dupeux, Jean-Yves / Massis, Thierry / Bigot, Christophe: Droit de la presse, in: Recueil Dalloz Sirey de jurisprudence et de législation 1999, sommaires commentés 161 – 168, zit.: Dupeux/ Massis/ Bigot, D. 1999, som. 161 (Seite).

Dutertre, Jaques: Note sous Cour d´appel de Paris, 5 jan. 1972, in: Recueil Dalloz Sirey de jurisprudence et de législation 1972, jurisprudence, 445 – 448, zit.: Dutertre, D. 1972, J, 445 (Seite).

Edelman, Bernard: Esquisse d'une théorie du sujet: l'homme et son image, in: Recueil Dalloz Sirey de jurisprudence et de législation 1970, chronique XXVI, 119 – 122, zit.: Edelmann, D. 1970, chronique XXVI, 119 (Seite).

Edelman, Bernard: Note sous TGI Paris 8 juil. 1981, in: Recueil Dalloz Sirey de jurisprudence et de législation 1982, jurisprudence 61 – 64, zit.: Edelman, D. 1982, jur., 61 (Seite).

Edelman, Bernard: Arrêt Gunther Sachs: Histoire et vie privée (note sous Cour de Cassation 2e Chambre civile 6. Janvier 1971), in: Recueil Dalloz Sirey de jurisprudence et de législation 1971, jurisprudence, 263 – 268, zit.: Edelmann, D. 1971, J, 263 (Seite).

Edelman, Bernard: Note sur Cour de Cassation 1re chambre civile 3. decembre 1980, in: Recueil Dalloz Sirey de jurisprudence et de législation 1981, jurisprudence, 221 – 224, zit.: Edelmann, D. 1981, J, 221 (Seite).

Ehlers, Wolfram: Geldersatz für immaterielle Schäden bei deliktischer Verletzung des allgemeinen Persönlichkeitsrechts, Diss. 1977 Berlin, zit.: Ehlers, Gliederungszeichen, Seite.

Ehlers, Wolfram; Baumann, Denise: Verletzung des Persönlichkeitsrechts in der französischen Rechtsprechung – ein Vergleich mit dem deutschen Recht, in: Zeitschrift für Vergleichende Rechtswissenschaft Bd. 77 (1978), 241 – 285, zit.: Ehlers/Baumann, ZVglR Bd. 77, (1978), 241 (Seite).

Erman, Walter: BGB Handkommentar in 2 Bänden: 1. Band §§ 1 – 853, MHG, VerbrKrG, HausTWG, AGBG, u. a. bearbeitet von: Aderhold, Lutz; Armbrüster, Christian, 11. A. 2004 Münster, zit.: Erman-Bearbeiter, §, Rnr.

Ferid, Murad; Sonnenberger, Hans Jürgen: Das französische Zivilrecht, Bd. 1/1 1.Teil: Allgemeine Lehren des französischen Zivilrechts: Einführung und Allgemeiner Teil, 2. A. 1994 Heidelberg, Bd. 2: Schuldrecht: Die einzelnen Schuldverhältnissen, Sachenrecht, 2. A. 1986 Heidelberg, zit.: Ferid /Sonnenberger, Gliederungszeichen, Seite.

Ferrer, Didier: Observations sous TGI Paris réf, 11 jan. 1977, in: La Semaine Juridique 1977, II, jurisprudence, 19711, zit.: Ferrer, JCP 1977, II, 19711, Gliederungszeichen.

Fikentscher, Wolfgang: Schuldrecht, 9. A. 1997 Berlin, New York, zit.: Fikentscher, Gliederungszeichen, Rnr.

Flechsig, Norbert P.*; Hertel, Felix; Varenhold, Olaf: Die Veröffentlichung von Unterlassungsurteilen und Unterlassungserklärungen – Unterlassungsurteilsveröffentlichung in Presse und Rundfunk, in: Neue Juristische Wochenschrift (NJW) 1994, 2441 -2446, zit.: Flechsig/Hertel/Varenhold, NJW 1994, 2441 (Seite).

---

* Name in der Veröffentlichung nicht oder nur unvollständig angegeben.

Fougerol, Henri: La figure humaine et le droit, Paris 1913, zit.: Fougerol, Seite.

Françon, André: Des limitations que les droits de la personnalité apportent à la création littéraire et artistique, in: Revue internationale du droit d'auteur (RIDA) 1971, 149 – 165, zit.: Françon, RIDA 1971, 149 (Seite).

Fremond, Pierre: Note sous TGI Paris, 02 juin 1993, in: Gazette du Palais 1994,I, 131 – 134, zit.: Fremond, Gaz. Pal. 1994, I, 131 (Seite).

Gaillard, Emmanuel: La double nature du droit à l'image et ses consequences en droit français, in: Recueil Dalloz Sirey de jurisprudence et de législation 1984,chronique 161 – 164, zit.: Gaillard, D. 1984, chr. 161 (Seite).

Gamm, Otto-Friedrich Frhr. v.: Zur praktischen Anwendung des allgemeinen Persönlichkeitsrechts, in: Neue Juristische Wochenschrift (NJW) 1955, 1826 – 1827, zit.: v. Gamm, NJW 1955, 1826 (Seite).

Gamm, Otto-Friedrich Frhr. v.: Persönlichkeits- und Ehrverletzungen durch Massenmedien, in: Schriftenreihe der Neuen Juristischen Wochenschrift Bd 3, hrg. von Konrad Redeker und Felix Busse, 1969 München, zit.: v. Gamm, Gliederungszeichen, Seite.

Ghestin, Jacques, Goubeaux, Gilles, Fabre-Magnan, Muriel: Introduction générale in Traité de droit civil, 4. A. 1994 Paris, zit: Ghestin / Goubeaux / Fabre-Magnan, Rnr., Seite.

Ghestin, Jaques; Goubeaux, Gilles: Traité de droit civil, 3. A. 1990 Paris, zit.: Ghestin, Gliederungszeichen, Rnr., Seite.

Götting, Horst-Peter: Die Vererblichkeit der vermögenswerten Bestandteile des Persönlichkeitsrechts – ein Meilenstein in der Rechtsprechung des BGH, in: Neue Juristische Wochenschrift (NJW) 2001, 585 – 587, zit.: Götting NJW 2001, 585 (Seite).

Gottwald, Stefan: Das allgemeine Persönlichkeitsrecht – Ein zeitgeschichtliches Erklärungsmodell, in: Berliner Juristische Universitätsschriften, Zivilrecht Bd. 11, hrg. im Auftrag der Professoren der Juristischen Fakultät an der Humboldt-Universität zu Berlin von Michael Kloepfer, Klaus Marxen, Rainer Schröder, 1996 Berlin, zugl. Diss. 1996 Berlin, zit.: Gottwald, Gliederungszeichen, Seite.

Gorny, Alain: Responsabilité produit: la fin de la causalité?, in: Gazette du Palais 2003, libre propos, 16, zit.: Gorny, Gaz. Pal. 2003, libre propos, 16 (16).

Goubeaux, Gilles: Les Personnes, in: Traité de droit civil sous la direction de J. Ghestin, 2. A. Paris 1989, zit.: Goubeaux, RNr., Seite.

Gounalakis, Georgios: Privacy and the media – a comparative perspective, in: Information und Recht Bd. 7, hrg. von Hoeren, Thomas v.;Spindler, Gerald; Holznagel, Bernd; Gounalakis, Georgios; Burkert, Herbert; 2000 München zit.: Gounalakis, Privacy, Gliederungszeichen, Seite.

Gounalakis, Georgios: Persönlichkeitsschutz und Geldersatz, in: Archiv für Presserecht (AfP) 1998, 10 – 25, zit.: Gounalakis, AfP 1998, 10 (Seite).

Greiff, Joachim: Erlaubt das Wesen des presserechtlichen Entgegnungsanspruches seine Verallgemeinerung?, in: Neue Juristische Wochenschrift (NJW) 1961 S. 97- 99, zit.: Greiff, NJW 1961, 97 (Seite).

Grewe, Constance: Die Grundrechte und ihr richterliche Kontrolle in Frankreich, in: Europäische Grundrechtszeitung (EuGRZ) 202, S. 209 – 212 Zi.: Grewe, EuGRZ 2002, 209, (Seite).

Grünhut, Max: Der Schutz der Persönlichkeitsphäre im englischen und amerikanischen Recht, in: Zeitschrift für die gesamte Strafrechtswissenschaft (ZStW) Bd. 74 (1969), 319 – 339, zit.: Grünhut, ZStW Bd. 74 (1962), 319 (Seite).

Gueder, Pierre: L'application de loi de 1881 à internet, in: Gazette du Palais 2002, doctrine, 731 – 733, zit.: Gueder, Gaz. Pal. 2002, doct., 731 (Seite).

Guedj, Alexis: Le grand secret de François Mitterand devant la Cour européenne des droits de l'homme, in: Recueil Dalloz Sirey de jurisprudence et de législation 2004, jurisprudence, S. 1838 – 1841, zit.: Guedj, D. 2004, jur., 1838 (Seite).

Guimezanes, Nicole: Introduction au droit français, in: Les système juridiques des États européens, Volume 3, 1995, Baden-Baden, zit.: Guimezanes, Gliederungszeichen, Seite.

Hager, Johannes: Der Schutz der Ehre im Zivilrecht, in: Archiv der civilistischen Praxis (AcP) Bd. 196, (1996),169 – 218, zit.: Hager, AcP 196, (1996), 169 (Seite).

Hartlieb, Horst v.: Handbuch des Film-, Fernseh- und Videorechts, 3. A. 1993 München, zit.: Hartlieb, Gliederungszeichen, Seite.

Hassler, Théo: La liberté de l'image et la jurisprudence récente de la Cour de Cassation, in: Recueil Dalloz Sirey de jurisprudence et de législation 2004, chronique, S. 1611 – 1614, zit.: Hassler, D. 2004, chron., 1611 (Seite).

Hauser, Jean: Jurisprudence française en matière civil, in: Revue Trimesterielle de Droit civil 2000, 289 – 314, zit.: Hauser, RTD civ. 2000, 289 (Seite).

Hecke, Georges A. van*: Die Haftung des Kreditgebers im belgischen Recht, in: Zeitschrift für Rechtsvergleichung (ZfRV) 1986, 81 – 86, zit.: Hecke, ZfRV 1986, 81, (Seite).

Heldrich, Andreas: Die allgemeine Rechtsgrundsätze der außervertraglichen Schadenshaftung im Bereich der Europäischen Wirtschaftsgemeinschaft, in: Arbeiten zur Rechtsvergleichung, Bd 10 Frankfurt, Berlin 1961, zit.: Heldrich, Gliederungszeichen, Seite.

* Name in der Veröffentlichung nicht oder nur unvollständig angegeben.

Helle, Jürgen: Besondere Persönlichkeitsrechte im Privatrecht – Das Recht am eigenen Bild, das Recht am gesprochenen Wort und der Schutz des geschriebenen Wortes, in: JZ Schriftenreihe Heft 3, 1991 Tübingen, zit.: Helle, Gliederungszeichen, Seite.

Hippel, Eike v.: Persönlichkeitsschutz und Pressefreiheit im amerikanischen und deutschen Recht, in: Rabels Zeitschrift für ausländisches und internationales Privatrecht (RabelsZ) Bd. 33 (1969), 276 – 289, zit.: Hippel, RabelsZ Bd 33 (1969), 276 (Seite).

Hirsch Ballin, E. D.*: Mephisto, in: Archiv für Urheber, Film-, Funk- und Theaterrecht (UFITA) Bd. 59 (1971), 21 -31, zit.: Hirsch Ballin, UFITA Bd. 59 (1971), 21 (Seite).

Hocquet-Berg, Sophie: Le droit de diffuser, sans autorisation parentale, la photographie en portait d'un enfant décédé, in: Recueil Dalloz Sirey de jurisprudence et de législation 1999, jurisprudence, S. 694 – 698, zit.: Hocquet-Berg, D. 1999, jur., 694 (Seite).

Hubmann, Heinrich: Der zivilrechtliche Schutz gegen Indiskretion, in: Juristenzeitung (JZ) 1957, 521 – 528, zit.: Hubmann, JZ 1957, 521 (Seite).

Hubmann, Heinrich: Das Persönlichkeitsrecht, 2. A. 1967 Köln, Graz, zit.: Hubmann, Gliederungszeichen, Seite.

Hübner, Ulrich; Constantinesco, Vlad: Einführung in das französische Recht, in: Schriftenreihe der Juristischen Schulung, Heft 16, hrg. v. Hermann Weber 3. A. 1994 München, zit.: Hübner/Constantinesco, Gliederungszeichen, Seite.

Hubrecht, Georges E.*: Notions essentielles de droit civil, in: Dworkin, Gerald ua.: Die Haftung der Massenmedien, insbesondere der Presse, bei Eingriffen in persönliche oder gewerbliche Rechtspositionen, Arbeiten zur Rechtsvergleichung hrg. von Ernst v. Caemmerer, Bd. 61, 1972 Frankfurt, Seite 63-71, zit.: Hubrecht, 63 (Seite).

Hubrecht, Goerges E.*: Das französische Zivilrecht, in: Sammlung Göschen Bd 8002, 1974 Berlin, New York, zit.: Hubrecht, Gliederungszeichen, Seite.

Jacobs, Rainer: Gibt es einen Posenschutz? – Überlegungen zu den Entscheidungen des BGH vom 1.12.1999 – I ZR 226/97 (Der blaue Engel) und I ZR 49/97 (Marlene Dietrich), in: Wettbewerb in Praxis und Recht (WPR) 2000, 896 – 899, zit.: Jacobs, WPR 2000, 896 (Seite).

Jauernig, Othmar: BGB-Kommentar: Bürgerliches Gesetzbuch mit Gesetz zur Regelung des Rechts der allgemeinen Geschäftsbedingungen, u. a. bearbeitet von: Jauernig, Othmar; Schlechtriem, Peter, 10. A. 2003 München, zit.: Jauernig-Bearbeiter, §, Rnr.

* Name in der Veröffentlichung nicht oder nur unvollständig angegeben.

Josserand, Louis: De l'esprit des droits et de leur relativité. Théorie dite de l'abus des droits, Paris 1927, zit.: Josserand, RNr., Seite.

Jourdan, Patrice: Responsabilité civile, in: Revue trimesterielle de droit civil 1997, 662 – 684, zit.: Jourdan, RTD civ., 1997, 662, (Seite).

Jourdan, Patrice: Juris-Classeur (JC) Civil, Art. 1382 à 1386, Droit de réparation, Fascicule, 120, Loseblatt, Stand 1988 zit.: Jourdan, JC civ. 1988, Art. 1382 – 1386, Fasc. 435, Gliederungszeichen, Rnr.

Kayser, Pierre: Le droit dit à l'image, Paris 1961, Bd 2, zit.: Kayser, image, Seite.

Kayser, Pierre: Le secret de la vie privée et la jurisprudence civile, 1965 Paris, zit.: Kayser, secret, Seite.

Kayser, Pierre: Les droits de la personnalité – aspect théoretiques et pratiques in: Revue trimesterielle de droit civil 1971, 445 –509, zit.: Kayser, RTD civ 1971, 445 (Seite).

Kayser, Pierre: La protéction de la vie privée par le droit: Protection du secret de la vie privée, Bd. 1, 3. A. 1995 Marseille, zit.: Kayser, protection, RNr., Seite

Kayser, Pierre: Le Conseil constitutionell protecteur du secret de la vie privée à l'égard des lois, Paris, 1985, zit.: Kayser, Conseil constitutionell, Seite.

Kayser, Pierre: Les droits de la personnalité aspects théoreques et pratiques, in: Revue trimesterielle de droit civil 1971, 445 – 509, zit.: Kayser, RTD civ 1971, Gliederungszeichen, 445, (Seite).

Kitzinger, Friedrich: Die Berichtigungspflicht der Presse und das Recht auf Berichtigung, in: Zeitschrift für die gesamte Strafrechtswissenschaft (ZStW) Bd 27 (1907), 873 – 914, zit.: Kitzinger, ZStW Bd 27 (1907), 873 (Seite).

Knellwolf, Esther: Postmortaler Persönlichkeitsschutz – neuere Tendenzen in der Rechtsprechung, in: Zeitschrift für Urheber- und Medienrecht (ZUM) 1997 783 – 789, zit.: Knellwolf ZUM 1997 783 (Seite).

Knellwolf, Esther: Postmortaler Persönlichkeitsschutz – Andenkenschutz der Hinterbliebenen, Diss. 1990 Zürich, zit.: Knellwolf, Gliederungszeichen, Seite.

Köbl, Hans: Das presserechtliche Entgegnungsrecht auf seine Verallgemeinerung, in: Berliner Abhandlungen zum Presserecht, Heft 5, 1966 Berlin, zit.: Köbl, Gliederungszeichen, Seite.

Koch, Birgit: Rechtsschutz durch Gegendarstellung in Frankreich und Deutschland, in: Veröffentlichungen zum Verfahrensrecht Bd. 13, 1995 Tübingen, zugl. Diss. 1994 Freiburg, zit.: Koch, Gliederungszeichen, Seite.

Koebel*: Das Fortwirken des Persönlichkeitsrechts nach dem Tode, in: Neue Juristische Wochenschrift (NJW) 1958, 936 – 938, zit.: Koebel, NJW 1958, 936 (Seite).

Köndgen, Johannes: Haftpflichtfunktion und Immaterialschaden, 1976 Berlin zit.: Köndgen, Gliederungszeichen, Seite.

Konrad, Walter: Problem der Gegendarstellung im Fernsehen – zugleich eine Erwiderung auf Kühle AfP 2/1975 'Gegendarstellung im Fernsehen' –, in: Archiv für Presserecht (AfP) 1975, 893 – 896, zit.: Konrad, AfP 1975, 893 (Seite).

Kreuzer, Karl Friedrich: Persönlichkeitsschutz und Entgegnungsanspruch, in: Menschenwürde und freiheitliche Grundordnung, Festschrift für Willi Geiger zum 65. Geburtstag, hrg. von Gerhard Leibholz, Hans Joachim Faller, Paul Mikat, Hans Reis, 1974 Tübingen, Seite 61 – 112, zit.: Kreuzer, Gliederungszeichen, 61 (Seite).

Kübler, Friedrich: Öffentlichkeit als Tribunal? – Zum Konflikt zwischen Medienfreiheit und Ehrenschutz, in: Juristenzeitung (JZ) 1984, 541 -547, zit.: Kübler, JZ 1984, 541 (Seite).

Kübler, Friedrich: Rechtsvergleichendes Generalreferat, in: Notions essentielles de droit civil, in: Dworkin, Gerald ua.: Die Haftung der Massenmedien, insbesondere der Presse, bei Eingriffen in persönliche oder gewerbliche Rechtspositionen, Arbeiten zur Rechtsvergleichung, hrg. von Ernst v. Caemmerer, Bd. 61 Frankfurt 1972, Seite 123-146, zit.: Kübler, 123 (Seite).

Kübler, Friedrich; Simitis, Spiros: Presse und Wettbewerb, in: Juristenzeitung (JZ) 1969, 445 – 454, zit.: Kübler/Simitis, JZ 1969, 445 (Seite).

Lacabarats, Alain: La protection judicaire des atteintes à la reputation: la voie civile, in: Gazette du Palais 1994, II doctrine, 1003 – 1006, zit.: Lacabarats, Gaz. Pal. 1994, II, doct., 1003 (Seite).

Lalou, Henri; Azard, Pierre: Traité pratique de la responsabilité civile, weitergeführt von Azard, 6. A. 1962 Paris, zit.: Lalou/Azard, Gliederungszeichen, Rz., Seite.

Lambert-Faivre, Yvonne: L'éthique de la responsabilité, in: Revue trimesterielle de droit civil 1998, N° 1, 1 – 22, zit.: Lambert-Faivre, RTD civ. 1998, 1 (Seite).

Lamoureux, Gérard-Gabriel / Pochon, Bernard: Note sous CA Paris 07.06.1983, in: Gazette du Palais 1984, 2, jurisprudence, 530 – 532, zit.: Lamoureux/Pochon Gaz. Pal. 1984, 2, jur. 530 (Seite).

* Name in der Veröffentlichung nicht oder nur unvollständig angegeben.

Larenz, Karl: Das „allgemeine Persönlichkeitsrecht" im Recht der unerlaubten Handlung, in: Neue Juristische Wochenschrift (NJW) 1955, 521 – 525, zit.: Larenz, NJW 1955, 521 (Seite).

Larenz, Karl: Anmerkung zum Urteil des BGH vom 14. II. 1958 I ZR 151/56 (Köln) (Herrenreiter), in: Neue Juristische Wochenschrift (NJW) 1958, 827 – 829, zit.: Larenz, NJW 1958, 827 (Seite).

Larenz, Karl; Canaris, Claus-Wilhelm: Schuldrecht, Bd. II, Besonderer Teil 2. Halbband, 13. A. 1994 München, zit.: Larenz, Schuldrecht BD. II, BT, Gliederungszeichen.

Laulom, Sylvaine: Note sous Courde Cassation 1re civ, 5 novembre 1996, in: Recueil Dalloz Sirey de jurisprudence et de législation 1997, jurisprudence, 403 – 405, zit.: Laulom, D. 1997, jur., 403 (Seite).

Lehmann, Brita: Postmortaler Persönlichkeitsschutz (Zur Frage des Fortbestehens des allgemeinen Persönlichkeitsrechts über den Tod des Rechtsträgers hinaus), Diss. 1973 Bonn, zit.: Lehmann, Gliederungszeichen, Seite.

Leinveber, Gerhard: Zum Filmentgegnungsrecht bei Persönlichkeitsverletzungen, in: Gewerblicher Rechtsschutz und Urheberrecht (GRUR) 1961, 20 – 23, zit.: Leinveber, GRUR 1961, 20 (Seite).

Lemouland, Jean-Jacques: Mariage – Concubinage, in: Recueil Dalloz Sirey de jurisprudence et de législation 1999, sommaires commentés 371 – 380, zit.: Lemouland, D. 1999, som., 371 (Seite).

Lindon, Raymond: Conclusion sous Cour d'appel de Paris (1re chambre), 10 juillet 1957 in: Gazzette du Palais 1957, II, jurisprudence, 161 – 264, zit.: Lindon, Gaz. Pal. 1957, 2, J, 261 (Seite).

Lindon, Raymond: La presse et la vie privée, in: La Semaine Juridique 1965, I, 1887, zit.: Lindon, JCP 1965, I, 1887, RNr.

Lindon, Raymond: Vie privée: un triple „derapage", in: La Semaine juridique 1970, Bd. I, 2336, zit.: Lindon, JCP 1970, I, 2336, Rnr.

Lindon, Raymond: Les dispositions de la loi du 17 juillet 1970 relatives à la vie privée, in: La Semaine Juridique 1970, I, 2357 zit.: Lindon, JCP 1970, I, 2357, Gliederungszeichen, Rnr.

Lindon, Raymond: Observations sous TGI Paris 15 juin 1970 et TGI Paris 8 juillet 1970, in: La Semaine juridique 1970, II, doctrine, 16550, zit.: Lindon, JCP 1970, II, 16550 (Seite).

Lindon, Raymond: Note sous TGI Paris 27 fév 1974, in: Recueil Dalloz Sirey de jurisprudence et de législation 1974, jurisprudence, 531 – 532, zit.: Lindon, D. 1974, jur. 531 (Seite).

Lindon, Raymond: Note sous TGI Paris 2 mai et 25 avril 1974, in: Recueil Dalloz Sirey de jurisprudence et de législation 1974, jurisprudence, 698 – 700, zit.: Lindon, D. 1974, jur., 698 (Seite).

Lindon, Raymond: La motivation des arrêts de la Cour de Cassation, in: La Semaine juridique 1975, 2681, zit.: Lindon, JCP 1975, 2681, Gliederungszeichen.

Lindon, Raymond: Observation sur Paris 17. X. 1981, in: Recueil Dalloz Sirey de jurisprudence et de législation 1981, jurisprudence, 398 – 405, zit.: Lindon, D. 1981, jur., 398 (Seite).

Lindon, Raymond: La révélation d'une proche maternité est-elle une atteinte à la vie privé? Note sous CA Paris 27 fév 1981, in: Recueil Dalloz Sirey de jurisprudence et de législation 1981, jurisprudence, 457 – 459, zit.: Lindon, D. 1981, jur., 457, (Seite).

Lindon, Raymond: Note sur Cour d'appel de Paris (1re ch,), 3 novembre 1982, in: Recueil Dalloz Sirey de jurisprudence et de législation 1983, jurisprudence 249 – 250, zit.: Lindon, D. 1983, jur., 249 (Seite).

Lindon, Raymond: Droits de la personnalité, in: Recueil Dalloz Sirey de jurisprudence et de législation 1985, sommaires 14 – 20, zit: Lindon, D. 1985, somm 14 (Seite).

Lindon, Raymond: Droits de la personnalité, in: Recueil Dalloz Sirey de jurisprudence et de législation 1985, Informations Rapides 163 – 170, zit: Lindon, D. 1985, IR 163 (Seite).

Lindon, Raymond: Droits de la personnalité, in: Recueil Dalloz Sirey de jurisprudence et de législation 1986, Informations Rapides – sommaires commentés S. 49 – 53, zit.: Lindon, D. 1986 som., 49 (Seite).

Lindon, Raymond: Droits de la personnalité, in: Recueil Dalloz Sirey de jurisprudence et de législation 1986, Informations Rapides – sommaires commentés S. 445 – 449, zit.: Lindon, D. 1986 som., 445 (Seite).

Lindon, Raymond; Amson, Daniel: Droits de la personnalité, in: Recueil Dalloz Sirey de jurisprudence et de législation 1986, informations rapides, 445 – 449, zit.: Lindon / Amson, D. 1986, IR, 445 (Seite).

Lindon, Raymond; Amson, Daniel: Droits de la personnalité, in: Recueil Dalloz Sirey de jurisprudence et de législation 1987, sommaires commentés 136 – 142, zit.: Lindon/Amson, D. 1987, som., 136 (Seite).

Lindon, Raymond; Amson, Daniel: Droits de la personnalité, in: Recueil Dalloz Sirey de jurisprudence et de législation, 1987, sommaire, 384 –387, zit.: Lindon/Amson, D. 1987, som., 384 (Seite).

Löffler, Martin; Ricker, Reinhart: Handbuch des Presserechts, 3. A. 1994 München, zit.: Löffler/Ricker, Gliederungszeichen, Seite.

Löffler, Martin; Wenzel, Karl Egbert; Sedelmeier, Klaus: Presserecht – Kommentar zu den Landespressegesetzen der Bundesrepublik Deutschland mit Besonderen Teil und einem Textanhang, begründet von Löffler 4. A. 1997 München, zit.: Löffler-Bearbeiter, §, Gliederungszeichen, Rnr. Seite.

Loiseau, Grégoire: Le nom objet d'un contrat, 1. A. Paris 1997, zit.: Loiseau, RNr., Seite.
Loiseau, Grégoire: Droit à l'image et caricature – Note sous Cass. civ. 13 jan. 1998, in: La Semaine Juridique 1998, II, jurisprudence 10082, S. 921 – 923, zit.: Loiseau, JCP 1998, II, 10082 (Gliederungszeichen).
Lombois, Claude: Introduction au droit civil. Droit des personnes et des biens, 6. a. Paris, zit.: Lombois, RNr., Seite.
Lucas-Schloetter, Agnès: Droit moral et droits de la personnalité. Etude de droit comparé francais et allemand, Thèse Paris 2000, zit.: Lucas-Schloetter, RNr. Seite.
Luciani- Anne-Marie: Les droits de la personnalité: du droit intern au droit international privé, Thèse Paris 1997, zit.: Luciani, RNr., Seite.
Lyon-Caen, Gerard: Note sur TGI Seine 4 oct 1965, in: La Semaine Juridique 1966, II, jurisprudence, 14482, zit.: Lyon-Caen, JCP 1966, II, 14482.
Malaurie, Philippe; Aynes, Laurent: Droit civil, Les obligations, 4. A. 1995, Marseille, zit.: Malaurie/Aynes, RNr.
Mallets-Pujol, Nathalie: Note sur CA Paris 17 septembre 1997, in: Recueil Dalloz Sirey de jurisprudence et de législation 1998, jurisprudence, 432 – 436, zit.: Mallets-Pujol, D. 1998, jur. 432 (Seite).
Marguénaud, Jean-Pierre: Note sous Cour EDH, 25 mars 1992, in: Recueil Dalloz Sirey de jurisprudence et de législation 1993, jurisprudence 101 – 108, zit: Marguénaud , D. 1993, jur. 101 (Seite).
Martin, Lucien: Le secret de la vie privée, in: Revue trimesterielle de droit civil 1959, 227 – 256, zit.: Martin, RTD civ. 1959, 227 (Seite).
Marty, Gabriel; Raynaud, Pierre: Droit civil, Les obligations Tome I: Les sources, 3. A. 1989 Paris, zit.: Marty/Raynaud, I, Gliederungszeichen, Rnr., Seite.
Massis, Thierry: Le secret du président et le juge des référés, in: Recueil Dalloz Sirey de jurisprudence et de législation 1997, chronique 291 – 296, zit.: Massis, D. 1997, chr. 291 (Seite).
Maunz, Theodor; Dürig, Günter: Kommentar zum Grundgesetz, u. a. bearbeitet von: Herzog, Roman; Scholz, Rupert, 31. Nachlieferung, Stand Mai 1994, zit.: Maunz/Dürig-Bearbeiter, Artikel, Rnr.
Max-Planck-Institut: Der zivilrechtliche Persönlichkeits- und Ehrenschutz in Frankreich, der Schweiz, England und den Vereinigten Staaten von Amerika, Gutachten des Max-Planck-Instituts für ausländisches und internationales Privatrecht, 1960 Tübingen, zit.: Max-Planck-Institut: Gutachten, Gliederungszeichen, Seite.
Mazars, Jean: La liberté d'expression, la loi et le juge, in: Rapport de la Cour de Cassation 2001, 171 – 205, zit.: Mazars, Rapport 2001, 171 (Seite).

Mazeaud, Henri et Léon; Tunc, André: Traitè thèorique et pratique de la responsabilité civile délictuelle et contractuelle, Tome I, 6. A. 1965 Paris, zit.: Mazeaud/Tunc I Rnr.

Mestre, Jaques: La protection independante du droit de reponse, des personnes physique et des personnes morales contre l'alteration de leur personnaltié aux yeux du public, in: La Semaine Juridique 1974, II, doctrine, 2623, zit.: Mestre, JCP 1974, II, 2623, Rnr.

Mezghani, Nébila: La protection civile de la vie privée, Thèse Paris 1976, zit.: Mezghani, Seite.

Mihura, Jules: Note sous Cass. civ. 27 fév 1951, in: La Semaine Juridique 1951, II, 6193, zit.: Mihura, JCP 1951, II, 6193

Mimin, Pierre: Le style des jugements, 4. A. 1962 Paris, zit.: Mimin, Gliederungszeichen, Seite.

Mimin, Pierre: Conciliation de la defense de la vie privée (droit à l'image de la personne) et des franchises de la presse. (Note sous Cour de Cassation 2e chambre civile 12. juillet 1966 et Cour d'appel de Paris 4. mars 1967), in: Recueil Dalloz Sirey de jurisprudence et de législation 1967, jurisprudence, 181 – 185, zit.: Mimin, D. 1967, J, 181, (Seite).

Moragne, G.*: A propos d'un revirement de jurisprudence... La réparation de la douleur morale par le Conseil d'État, in: Dalloz Sirey de jurisprudence et de législation, 1962, III, chronique, 15 -18, zit.: Moragne, D., 1962, III, chronique, 15 (Seite).

Münchener Kommentar: Münchener Kommentar zum Bürgerlichen Gesetzbuch in 11 Bänden: Bd. I: Allgemeiner Teil (§§ 1 – 240), 4. A, 2001, München Bd VI: Sachenrecht (§§ 854 – 1296), 4. A. 2001 München, Redakteur: Quack, Friedrich unter Bearbeitung unter anderen von: Cremer, Matthias; Damrau, Jürgen; zit.: Münchener Kommentar-Bearbeiter, § Rnr.

Nerson, Roger: Jurisprudence francaise en matiere civile – Personnes et droits de famille, in: Revue trimesterielle de droit civil 1972, 756 – 772, zit: Nerson, RTD civ 1972, 756 (Seite).

Nerson, Roger: Personnes et droits de famille, in: Revue trimesterielle de droit civil 1966, 66 – 77, zit.: Nerson, RTD civ. 1966, 66 (Seite).

Nerson, Roger: La protection de la vie privée en droit positif français, in: Revue internationale de droit comparé Bd. 23 (1971), 737 – 764, zit.: Nerson, RID comp. Bd. 23 (1971), 737 (Seite).

Neumann-Duesberg, Horst: Das Recht der Gegendarstellung im Presserecht, in: Neue Juristische Wochenschrift (NJW) 1960, 2032 – 2035, zit.: Neumann-Duesberg, NJW 1960, 2032 (Seite).

* Name in der Veröffentlichung nicht oder nur unvollständig angegeben.

Nikoletopoulos, Panajiotis: Die zeitliche Begrenzung des Persönlichkeitsschutzes nach dem Tode, in: Berliner Hochschulschriften, hrg. von Wilhelm Nordemann, Bd 4, 1984 Frankfurt a. Main, Bern, New York, zit.: Nikoletopoulos, Gliederungszeichen, Seite.

Olivier, Frédérique: La responsabilité des prestataires d'herbergement, in: La Semaine Juridique 1999, II jurisprudence, 10101, zit.: Olivier, JCP 1999, II, 10101 (Gliederungszeichen).

Palandt, Otto: Beck'sche Kurz-Kommentare Bd. 7, Palandt Bürgerliches Gesetzbuch mit Einführungsgesetz (Auszug), bearbeitet unter anderen von Bassenge, Peter; Diederichsen, Uwe; 63. A. 2004 München, zit.: Palandt-Bearbeiter, §, Rnr.

Pelissier-Gateau, Hélène; Guilleman, Caroline: Edition Juris-Classeur (JC), Art. 1382 – 1386, Fasc. 133-10, Loseblatt, Stand: 2003, zit.: Pelissier-Gateau/ Guilleman, JC civ. 2003, fasc. 133-10, RNr.

Perdriau, André: „Visas", „chapeaux" et „dispositifs des arrêts" de la Cour de Cassation en matière civile, in: La Semaine Juridique 1986, 3257,1-149, zit.: Perdriau, JCP 1986, 3257, Rnr.

Petit, Cécile: Le droit au respect de la vie privée n'appartient qu'aux vivants, in: La Semaine Juridique 2000, II, jurisprudence, 10241, zit.: Petit, JCP 1997, II, jur., 10241.

Pierchon, Michel: Edition Juris-Classeur (JC), Art. 1382 – 1386, Fasc. 435, Loseblatt, Stand: 1988, zit.: Pierchon, JC civ. 1988, Art. 1382 – 1386, Fasc. 435, Gliederungszeichen, Rnr.

Pieroth, Bodo; Schlink, Bernhard: Grundrechte Staatsrecht II, in: Schwepunkte Bd. 14, 19. A. 2003 Heidelberg, zit.: Pieroth/Schlink, Rnr., Seite.

Planiol, Marcel; Ripert, Georges; Esmein, Paul: Traité pratique de droit civil français, Tome VI: les obligations, 2. A. 1952 Paris, zit.: Planiol/Ripert/Esmein, Gliederungszeichen, Rnr., Seite.

Pollaud-Dulian, Frédéric: Observations sous Cass. Civ. 14 mai 1991, aff. Chiavarino, in: La Semaine Juridique 1991, II, 21760 S. 405 – 408, zit.: Pollaud-Dulian, JCP 1991, II, 21760, (Gliederungszeichen).

Poullaud-Dulian, Frédéric: Abus de droit et droit moral, in: Recueil Dalloz Sirey de jurisprudence et de législation 1993, chronique 97 – 102, zit.: Poullaud-Dulian, D. 1993, chr. 97 – 102 (Seite).

Ponsard, André; Dejean de la Batie, Noël, in: Aubry,Charles; Rau, Charles-Frédéric: Droit civil français, 12 Bde., Bd VI: Contracts civils divers, quasi-contracts, responsabilité civile, 7. A. 1975 Paris, zit.: Aubry/Rau, Gliederungszeichen, Rnr., Seite.

Pradel, Jean: Les dispositions de la loi n° 70-643 du 17 juillet 1970 sur la protection de la vie privée, in: Recueil Dalloz Sirey de jurisprudence et de légis-

lation 1971, chronique XVIII, 111 – 116, zit.: Pradel, D. 1971, chronique XVIII, 111 (113).
Ravanas, Jacques: Liberté d'expression et protection des droits de la personnalité, in: Recueil Dalloz Sirey de jurisprudence et de législation 2000, chronique 459 – 462, zit: Ravanas, D. 2000, doct., 454 (Seite).
Ravanas, Jacques: Juris-Classeur (JC) Civil, Art. 1382 à 1386, Droit de réparation, Fascicule, 133-1, Loseblatt, Stand 2001, zit.: Ravanas, JC civ. 2001, Fasc. 133-1 , Gliederungszeichen, Rnr.
Ravanas, Jacques: Vie privée – Nécessité de trouver le juste équilibre entre la liberté de l'information et le droit de chacun au respect de la vie privée, in: La Semaine Juridique 2003, II – jurisprudence, 10085, 999 – 1001, zit.: Ravanas, JCP 2003, II – jur., 10085, 999 (Seite).
Ravanas, Jacques: De l'histoire à la memoire: procès télévisé et droits de la personnalité. Note sous Cass. crim. 16 mars 1994, in: La Semaine Juridique 1995, II, jurisprudence, 22547, 499 – 503, zit.: Ravanas, JCP 1995, II, jur., 22547, 409 (Seite).
Ravanas, Jacques: La protection des personnes contre la réalisation et la publication de leur image, 1978 Paris, zit.: Ravanas, protection, RNr., Seite.
Ravanas, Jacques: Droit à l'oubli et oubli de Droit – note sous Cass. civ. 1er, 20 novembre 1990, in: La Semaine Jrudique 1992, II, 21908, zit.: Ravanas, JCP 1992, II, 21908, RNr.
Ravanas, Jacques: note sous Cass. 1re civ., 5 nov. 1996, in: La Semaine Juridique 1997, II, jurisprudence, 22805, zit.: Ravanas, JCP 1997, II, jur., 22805 (Gliederungszeichen).
Ravanas, Jacques: Note sous Tribunal de Grande Instance de Paris (1re ch.), 5 julliet 1995, in: Recueil Dalloz Sirey de jurisprudence et de législation 1996, jurisprudence, 175 – 176, zit.: Ravanas, D. 1996, jur., 175 (Seite).
Remé, Thomas M.*: Die Aufgabe des Schmerzensgeldes im Persönlichkeitsschutz – Rechtsvergleichende Beiträge zum Schadensrecht, in: Arbeiten zur Rechtsvergleichung, Schriftenreihe der Gesellschaft für Rechtsvergleichung Hamburg, hrg. von Hans Dölle, Bd. 14, 1962 Frankfurt, Berlin, zit.: Remé, Gliederungszeichen, Seite.
Ricker, Reinhart: Rechte und Pflichten der Medien unter Berücksichtigung des Rechtsschutzes des einzelnen, in: Neue Juristische Wochenschrift (NJW) 1990, 2097 – 2103, zit.: Ricker, NJW 1990, 2097 (Seite).
Rigaux, François: L'élaboration d'un "right of privacy" par la jurisprudence américaine, in: Revue internationale de droit comparé 1980, 701 – 730, zit.: Rigaux, RID comp. 1980, 701 (712).

* Name in der Veröffentlichung nicht oder nur unvollständig angegeben.

Ripert, Georges: La régle morale dans les obligations civiles, 4. A. Paris 1949, zit.: Ripert, Seite.
Rodière, René: La responsabilité civile, 3. A. 1952 Paris, zit.: Rodière, Gliederungszeichen, Textziffer (Tz).
Roets, Damien: Les droits discrétionnaire: une catégorie juridique en voie de disparition?, in: Recueil Dalloz Sirey de jurisprudence et de législation 1997, chronique 92 – 96, zit.: Roets, D. 1997, chron., 92 (Seite).
Rouast, André: Les dorits discretionnaires et les droits contrôlés, in: Revue trimesterielle du droit civil 1944, 1 – 10, zit.: Rouast, RTD civ. 1944, 1 (Seite).
Roubier, P.*: Le droit de la propriété industrielle, Bd. 1, 1952 Paris, zit.: Roubier, Seite.
Roux, André: La protection de la vie privée dans les rapports entre l'État et les particuliers, Aix-Marseille 1983, zit.: Roux, Seite.
Sainte-Rose, Jerry: La publication de la photographie d'un groupe, centrée, non sur une personne, mais sur un événement d'actualité, ne justifie pas une demande en réparartion de la part de cette personne, in: La semaine juridique 2000, II, jurisprudence, 10257, 351 – 354, zit.: Sainte-Rose, JCP 2000, II, 10257, 351 (Seite).
Saint-Pau, Jean-Christophe: L'article 9 du code civil: matrice des droits de la personnalité, in: Recueil Dalloz Sirey de jurisprudence et de législation 1999 jurisprudence, S. 541 – 544, zit.: Saint-Pau, D. 1999, jur., 541 (Seite).
Sarraute, Raymond: Le respect de la vie privée, in: Gazette du Palais 1966, Bd. I, doctrine 12 – 14, zit.: Sarraute, Gaz. Pal. 1966, I, doctrine 12 (Seite).
Schack, Haimo: Das Persönlichkeitsrecht der Urheber und ausübender Künstler nach dem Tode, in: Gewerblicher Rechtsschutz und Urheberrecht (GRUR) 1985, 352 – 359, zit.: Schack, GRUR 1985, 352 (Seite).
Schack, Haimo: Anmerkung zu BGH vom 1.12.1999 – Marlene Dietrich, in: Juristenzeitung (JZ) 2000, 1060 – 1062, zit.: Schack, JZ 2000, 1060 (Seite).
Scheer, Bernhart: Deutsches Presserecht, 1966 Hamburg, zit.: Scheer, Gliederungszeichen, Seite.
Schiwy, Peter; Schütz, Walter J.*: Medienrecht – Lexikon für Wissenschaft und Praxis, 2. A. 1990 Karlsruhe, zit.: Schiwy/Schütz, Seite.
Schlechtriem, Peter: Inhalt und systematischer Standort des allgemeinen Persönlichkeitsrechts, in: Deutsche Richterzeitung (DRiZ) 1975, 65 – 70, zit.: Schlechtriem, DRiZ 1975, 65 (Seite).
Schmitz, Inge: Persönlichkeitsrecht und zivilrechtliche Deliktshaftung im französischen und deutschen Recht, Diss. 1967 Münster, zit.: Schmitz, Gliederungszeichen, Seite.

* Name in der Veröffentlichung nicht oder nur unvollständig angegeben.

Scholz, Peter: Der Gegendarstellungsanspruch in der Presse, in: Jura 1986, 19 – 21, zit.: Scholz, Jura 1986, 19 (Seite).

Schönke, Adolf; Schröder, Horst: Strafgesetzbuch Kommentar, 26. A. 2001 München, bearbeitet u. a. von: Lenckner, Theodor; Cramer, Peter, zit.: Schönke-Schröder-Bearbeiter, §, Rnr.

Schulze Wessel, Lambert: Die Vermarktung Verstorbener, in: Schriftenreihe des Instituts für Technik- und Umweltrecht der Technischen Universität Dresden, Band 7, hrg. von Horst-Peter Götting und Martin Schulte, zugleich Diss Dresden 2001, zit.: Schuze Wessel, Seite.

Schwarz, Cornelia: Privatrechtlicher Schutz der Persönlichkeitsrechte gegenüber den Medien – Entwicklung von 1900 bis heute, Diss. 1995 Erlangen, zit.: Schwarz, Gliederungszeichen, Seite.

Schwerdtner, Peter: Das Persönlichkeitsrecht in der deutschen Zivilrechtsordnung, 1976 Berlin, zit.: Schwerdtner, Persönlichkeitsrecht, Gliederungszeichen, Rnr., Seite

Seemann, Bruno: Prominenz als Eigentum, in: UFITA-Schriftenreihe Bd. 140, hrg. von Manfred Rehbinder, 1996, Baden-Baden, zugl. Diss. 1996 Zürich, zit.: Seemann, Gliederungszeichen, Seite.

Seitz, Walter: Die DGHS-Entscheidung des BVerfG – ein Lichtblick?, in: Neue Juristische Wochenschrift (NJW) 1996, 1518 – 1520, zit.: Seitz, NJW 1996, 1518 (Seite).

Seitz, Walter; Schmidt, German; Schoene, Alexander: Der Gegendarstellungsanspruch in Presse, Film, Funk und Fernsehen, in: Schriftenreihe der Neuen Juristischen Wochenschrift, Heft 33, 3. A. 1998, München, zit.: Seitz/ Schmidt/Schoene, Gliederungszeichen, Rnr., Seite.

Seitz, Walter; Schmidt, German; Schoene, Alexander: Die Gegendarstellung im Wahlkampf, in: Neue Juristische Wochenschrift (NJW) 1980, 1553 – 1557, zit.: Seitz/Schmidt/Schoene, NJW 1980, 1553 (Seite).

Siebert, Wolfgang: Zur Problematik des Persönlichkeitsrechts, in: Neue Juristische Wochenschrift (NJW) 1958, 1369 – 1374, zit.: Siebert, NJW 1958, 1369 (Seite).

Simon, Gesa: Persönlichkeitsschutz gegen herabsetzende Karikaturen in Deutschland und Frankreich, in: Europäische Hochschulschriften, Reihe II, Rechtswissenschaft Bd. 1669, zugl. Diss 1993 Freiburg, zit.: Simon, Gliederungszeichen, Rnr., Seite.

Sirinelli, Pierre: Note sous Cass. Civ. 14 mai 1991, aff. Chiavarino", in: Revue internationale du droit d'auteur janvier 1992, Nr 151, S. 275 – 290, zit: Sirinelli, RIDA jan 1992, Nr. 151, 275 (Seite).

Sirinelli, Pierre: Le droit moral et le droit commun des contrats, Thèse Paris 1953, zit.: Sirinelli, Seite

Soehring, Jörg: Die Entwicklung des Presse- und Äußerungsrechts 1994 – 1996, in: Neue Juristische Wochenschrift (NJW) 1997, 360 – 372, zit.: Soehring, NJW 1997, 360 (Seite).

Soehring, Jörg: Presserecht – Recherche, Berichterstattung, Ansprüche im Recht der Presse und des Rundfunks, in: Archiv für Presserecht (AfP) AfP-Praxisreihe, hrg. von Georg Wallraf, 2. A. 1995 Stuttgart, zit.: Soehring, Gliederungszeichen, Rnr., Seite.

Soehring, Jörg, Seelmann-Eggebrecht, Sebastian: Die Entwicklung des Presse- und Äußerungsrechts 1997 bis 1999, in: Neue Juristische Wochenschrift (NJW) 2000, 2466 – 2480, zit.: Soehring/Seelmann-Eggebrecht, NJW 2000, 2466 (Seite).

Soergel, Hans Theodor: Bürgerliches Gesetzbuch, Kommentar in 10 Bänden, Bd 5, §§ 652 – 853, u. a. bearbeitet von: Baur, Jürgen; Dieckmann, Albrecht, 12 A. 1987 Stuttgart, Berlin, Köln, Mainz, zit.: Soergel-Bearbeiter, §, Rnr.

Sonnenberger, Hans Jürgen; Schweinberger, Eugen: Einführung in das französische Recht, 1986 Darmstadt, zit.: Sonnenberger/Schweinberger Gliederungszeichen, Rnr.

Starck, Boris: Essai d'une théorie générale de la responsabilité civile considerée en sa double fonction de garantie et de peine privée, Paris 1949, zit.: Starck, Seite.

Starck, Boris: Droit civil, obligation, 3. A. 1991, zit.: Starck, Gliederungszeichen, Rnr., Seite.

Starck, Boris; Roland, Henri; Boyer, Laurent: Obligations, Bd. 1, Responsabilité délictuelle, 5. A. 1996 Paris, zit.: Stark/Roland/Boyer, RNr. Seite.

Stark, Ralf: Ehrenschutz in Deutschland, in: Schriften zum öffentlichen Recht Bd 690, 1994 Berlin, zugl. Diss. 1994 Köln, zit.: Stark, Gliederungszeichen, Seite.

Stein, Axel: Der Schutz von Ansehen und Geheimsphäre Verstorbener – Zugleich eine Stellungnahme zu jüngeren höchstrichterlichen Entscheidungen, in: Zeitschrift für das gesamte Familienrecht (FamRZ) 1986, 7 -18, zit.: Stein, FamRZ 1986, 7 (Seite).

Stoll, Hans: Freiheit der Meinungsäußerung und Schutz der Persönlichkeit in der neueren Rechtsprechung zur zivilrechtlichen Haftung, in: Jura 1979, 576 – 590, zit.: Stoll, Jura 1979, 576, (Seite).

Stoufflet, Jean: Le droit de la personnage sur son image. (Quelques remarques sur la protection de la personnalité), in: La Semaine Juridique 1957, I, doctrine, 1374, zit.: Stoufflet JCP 1957, I, 1374, (RNr.).

Stürner, Rolf: Persönlichkeitsschutz und Geldersatz, in: Archiv für Presserecht (AfP) 1998, 1 – 10, zit.: Stürner, AfP 1998, 1 (Seite).

Tallon, Denis: Droits de la Personnalitè, in: Dalloz Encyclopédie juridique, Répertoire en droit civile, Tome VIII, Loseblattsammlung Stand 1996, zit.: Tallon, Encyclopédie, personnalité, RNr.

Terré, François; Simler, Phillippe; Lequette, Yves: Obligations, Bd. 1, Responsabilité délictuelle", 8. A. 2002 Paris, zit.: Terré/Simler/Lequette, RNr. Seite.

Teyssié, Bernard: Chronique de droit des personnes, in: La semaine juridique 1995, I, 3874, S. 395 – 398, zit: Teyssié, JCP 1995, I, 3874, (Gliederungszeichen).

Touffait, Adolphe; Tunc, André: Pour une motivation plus explicite des décisions de justice notamment celles de la Cour de Cassation, in: Revue trimesterielle de droit civil 1974, 487 – 508, zit.: Touffait/Tunc RTD civ. 1974, 487, Rnr. (Seite).

Ullmann, Eike: Persönlichkeitsrechte in Lizenz?, in: Archiv für Presserecht (AfP) 1999, 209 – 214, zit.: Ullmann, AfP 1999, 209 (Seite).

Ullmann, Eike: Caroline v., Marlene D., Eheleute M, – ein fast geschlossener Kreis", in: Wettbewerb in Praxis und Recht (WRP) 2000, 1049 – 1054, zit.: Ullmann, WRP 2000, 1049 (Seite).

Viney, Geneviève: Responsabilité civile, in: La Semaine Juridique 1997, I, doctrine, 4025, zit.: Viney, JCP 1997, I, 4025 (Gliederungszeichen).

Viney, Geneviève: Traité de droit civil, tome IV, les obligations, la responsabilité, sous la direction de Jaques Ghestin, Paris 1982, zit.: Viney, IV, Gliederungszeichen, Rnr., Seite.

Weill, Alex; Terré, François: Les obligations, 4. A. 1986 Paris, zit.: Weill/Terré, Gliederungszeichen, Rnr., Seite.

Weitnauer, Hermann: Persönlichkeitsschutz und Pressefreiheit (I), in: Der Betrieb (DB) 1976, 1365 – 1369, zit.: Weitnauer, DB 1976, 1365 (Seite).

Weitnauer, Hermann: Persönlichkeitsschutz und Pressefreiheit (II), in: Der Betrieb (DB) 1976, 1413 -1418, zit.: Weitnauer, DB 1976, 1413 (Seite).

Wenzel, Karl Egbert: Das Recht der Wort- und Bildberichterstattung, 4. A. 3003 Köln, zit.: Wenzel, Gliederungszeichen, Rnr., Seite.

Wenzel, Karl Egbert: Nochmals: Grenzen des Gegendarstellungsrechts, in: Archiv für Presserecht (AfP) 1971, 161 – 163, zit.: Wenzel, AfP 1971, 161 (Seite).

Wiederkehr, Georges: Les incidences du comportement de la victime sur la responsabilité en droit français, in: Entwicklung des Deliktsrecht in rechtsvergleichender Sicht, hrg. v. Günther Weick, in: Arbeiten zur Rechtsvergleichung, Schriftenreihe der Gesellschaft für Rechtsvergleichung, Bd. 136, mit Beiträgen u. a. von: Klippel, Diethelm/Wiederkehr, Georges, Seiten 113 – 137, zit.: Wiederkehr, 113 (Seite).

Witz, Claude: Libres propos d'un universitaire français à l'étranger, in: Revue trimesterielle de droit civil Bd. 91 (1992), 737 – 739, zit.: Witz, RTD civ. Bd. 91, (1992), 737 (Seite).

Witz, Claude: Plaidoyer pour un code européen des obligations, in: Recueil Dalloz Sirey de jurisprudence et de législation, Numéro spécial – 8 avril 2004, Bicentaire du Code civil, S. 23 – 27, zit.: : Witz, D. Numéro spécial, bicentaire du Code civil, 08.04.2004, S. 23 – 27.

Wolf, Uwe: Spötter vor Gericht – eine vergleichende Studie zur Behandlung von Satire und Karikatur im Recht der Bundesrepublik, Frankreichs, Englands und der USA, in: Frankfurter öffentlich-rechtliche Studien, Bd. 6, hrg. von Erhard Denninger und Walter Schmidt, 1996 Frankfurt, Berlin, Bern, New York, Paris, Wien, zugl. Diss. 1995 Frankfurt, zit.: Wolf, Gliederungszeichen, Seite.

Zdrojewski, Junosza; Pettiti, Christophe; Pettiti, Laurent: Note sur les arrêts Kruslin et Hurig, in: Gazette du Palais 1990, I, jurisprudence 259 – 260, zit.: Zdrojewski/ Pettiti/ Pettiti, Gaz. Pal. 1990, I, jur., 259 (Seite).

Zippelius, Reinhold: Meinungsfreiheit und Persönlichkeitsrecht, in: Beiträge zum Schutz der Persönlichkeit und ihrer schöpferischen Leistungen – Festschrift für Heinrich Hubmann zum 70. Geburtstag, S. 511 – 522, zit.: Zippelius, FS-Hubmann, 511 (Seite).

Zweigert, Konrad; Kötz, Hein: Einführung in die Rechtsvergleichung auf dem Gebiete des Privatrechts, 3. A. 1996 Tübingen, zit.: Zweigert/Kötz, Gliederungszeichen, Seite.

Einleitung

Eine immer skandalträchtiger werdende Berichterstattung machte es notwendig, die Privatsphäre effektiv zivilrechtlich zu schützen, da sie immer weniger respektiert wird. Dass sich der Schutz auch auf die Zeit nach dem Tod erstrecken muss, wurde in Frankreich schon früh erkannt, die rechtlichen Grundlagen jedoch waren lange umstritten. Im Laufe der Zeit wurde deutlich, dass der Schutz der Privatsphäre indiskrete Buchveröffentlichungen einbeziehen muss. Anhand zweier Fälle, die das französische Kassationsgericht („la Cour de Cassation") zu entscheiden hatte, soll im Rahmen dieser Arbeit dargestellt werden, welchen Weg die französische Rechtsprechung wählte, um einen umfassenden Schutz gegen indiskrete Veröffentlichungen zu gewährleisten.

Im ersten Fall hatte das Kassationsgericht einen Roman zu beurteilen, dem ein Tötungsdelikt mit seinen Begleitumständen zu Grunde lag, im zweiten ein Buch, das den Arztbericht zu Gesundheitszustand und Krankheitsverlauf eines Staatsoberhauptes zum Inhalt hatte. Im Zeitpunkt der Veröffentlichung waren Opfer beziehungsweise Patient bereits verstorben, und die Hinterbliebenen wehrten sich gegen die Veröffentlichung dieser Bücher.

Nach einer Darstellung der Sachverhalte folgt ihre Behandlung durch das Kassationsgericht. Danach wird zu überlegen sein, wie ein deutsches Gericht entschieden hätte und eine vergleichende Betrachtung schließt sich an.

A) Der Roman „Non Lieu“

Der zweiten Zivilkammer der Cour de Cassation, dem höchsten Gericht Frankreichs[1], lag folgender Sachverhalt zur Entscheidung vor: Im Ort Bruay-en-Artois wurde die Minderjährige Brigitte Dewevre getötet und ihr Leichnam auf einem unbebauten Grundstück zurückgelassen. Im Zuge der polizeilichen Ermittlungen wurde eine bekannte Persönlichkeit des Ortes des Verbrechens an Brigitte Dewevre beschuldigt. Das nahm Pierre Desgraupes zum Anlass, den Roman „Non lieu“ zu verfassen, in dem er ein solches Kapitalverbrechen schildert. Die Ermittlungen führten im Roman zu genau demselben Ergebnis wie in der Wirklichkeit. Der Autor stellte klar, dass der Fall in Bruay-en-Artois zwar den Ausgangspunkt seines Romans bilde, hob aber zugleich dessen fiktiven Charakter hervor. Zudem hatte er sein Opfer mit homosexuellen Neigungen ausgestattet, während im realen Ermittlungsverfahren lediglich Gerüchte über eine angebliche Homosexualität Brigitte Dewevres laut geworden waren, die sich jedoch als unhaltbar erwiesen.

Der Roman wurde bei „Grasset et Fasquelle“ veröffentlicht und später von der Société Nationale de la Télévision en couleur „Antenne 2“ als Fernsehfilm ausgestrahlt.

Das Ehepaar Dewevre, die Eltern von Brigitte, wehrten sich gegen den Inhalt des Romans, gegen seine Veröffentlichung durch den Verlag und gegen die Ausstrahlung als Fernsehfilm mit der Begründung, der Roman entspreche so weit dem tatsächlichen Geschehen, dass der Leser nur das Schicksal ihrer Tochter vor Augen haben könne. Außerdem erfüllten die ihrer Tochter unterstellten homosexuellen Neigungen den Tatbestand einer üblen Nachrede („diffamation“) und stellten über dies eine Verletzung ihrer elterlichen Privatsphäre („atteinte à la vie privèe“) dar. Hilfsweise verlangte das Ehepaar Dewevre Schadenersatz nach Artikel 1382 Code civil[2] für den immateriellen Schaden, der ihnen daraus erwuchs, dass ihre elterlichen Gefühle bezüglich des Andenkens an ihre Tochter verletzt worden seien.

Die Cour d'appel, das Gericht, das vor der Cour de Cassation urteilte, hatte sowohl Autor als auch Verlag und Fernsehgesellschaft in jeweils gesonderten Urteilen verpflichtet, den entstandenen immateriellen Schaden der Eltern zu erset-

1 Wolf, B, I, S.95.

2 In Verbindung mit einem Artikel im Folgenden: Cc.

zen. Gleichzeitig aber hatte es festgestellt, dass es sich weder um eine üble Nachrede („diffamation") noch eine Verletzung der Privatsphäre („atteinte à la vie privée") des Ehepaars gehandelt habe.

Gegen dieses Urteil der Cour d'appel wandte sich der Autor mit der Begründung, dass eben weder „diffamation" noch Verletzung der Privatsphäre („atteinte à la vie privée") Dritter bestünden. Daher könne er nicht für den fiktiven Inhalt seines Romans wegen angeblicher immaterieller Schäden Dritter verantwortlich gemacht werden. Außerdem sei die Veröffentlichungsfreiheit des Autors eines Werkes mit fiktivem Inhalt höher zu bewerten als die rein subjektiv geprägte Gefühlslage der Eltern des Opfers.

Der Verlag war seinerseits der Meinung, es stehe ihm nicht zu, in die literarische Gestaltung eines Autors einzugreifen, um seine Aufmerksamkeit für die angebliche Notwendigkeit zu schärfen, seine Geschichte, ihre Konstruktion und ihre Personen so zu verändern, dass keine Gefühle anderer verletzt werden könnten. Dahinter steht wiederum der Gedanke, die Veröffentlichungsfreiheit eines Verlages sei höher zu bewerten als Gefühle Dritter.

Auch die Fernsehgesellschaft wandte sich gegen das sie betreffende Urteil und übernahm dabei teils die Argumentation des Autors, teils die des Verlages: Schon der Autor einer Erzählung mit fiktivem Inhalt könne nicht für immaterielle Schäden Dritter schadenersatzpflichtig sein, die allein deren übersteigertem Feingefühl entspringen. Umso weniger könne eine diesbezügliche Verpflichtung denjenigen treffen, der das schon erschienene Werk für ein anderes Medium lediglich bearbeitet und ausgestrahlt habe. Hintergrund dieser Argumentation ist auch hier die Ansicht, die Bestimmung redaktioneller Inhalte und deren Ausstrahlung, letztlich die Berufsausübung einer Fernsehgesellschaft, sei höher zu bewerten als Gefühle Dritter. Außerdem falle es nicht in die Zuständigkeit einer Fernsehgesellschaft, in die literarische Schöpfung des Autors einzugreifen.

Die der Cour de Cassation vorgelegte Frage war demnach, in wie weit der Autor eines fiktiven Werkes, dessen Verlag oder eine Fernsehgesellschaft, die dieses Werk als Film ausstrahlt, für daraus resultierende immaterielle Schäden Dritter verantwortlich gemacht werden können, wenn üble Nachrede („diffamation") oder Verletzung der Privatsphäre („atteinte à la vie privée") der Betroffenen fehlen.

Über diese Kassationsbegehren entschied die Cour de Cassation am 12. Mai 1986.

B) Das Buch „Le grand secret“

Am 17.01.1996, 9 Tage nach dem Tod François Mitterands, veröffentlichte sein behandelnder Arzt Dr. Claude Gubler das Buch „Le grand secret“ beim Verlag Plon.

Hierin beschreibt er detailliert die Krebserkrankung des Präsidenten, die schon während seiner ersten Regierungsperiode festgestellt, aber von ihm verheimlicht worden war[3]. Der Autor zeigte auf, wie ihn das Staatsoberhaupt dazu brachte, offizielle Dossiers zu verfälschen, so dass diese den Präsidenten als gesunden Mann erschienen ließen und die Öffentlichkeit über seinen Gesundheitszustand getäuscht wurde. Dem Leser wird mitgeteilt, dass die Krebserkrankung schon sechs Monate nach der Wahl zur ersten Regierungsperiode François Mitterands festgestellt wurde und wie Krankheit und Wissen um den nahenden Tod Regierungsentscheidungen beeinflussten. Da der Autor als betreuender Arzt auch Umgang mit der Familie des Präsidenten pflegte, wusste er, wie diese mit der Krankheit von Ehemann und Vater umging, ohne etwas hiervon nach außen dringen lassen zu dürfen. An dieser Zwangssituation lässt der Autor seine Leser teilhaben.

Kinder und Ehefrau des Präsidenten wehrten sich gegen die Veröffentlichung des in seinen Fakten unbestrittenen Buches mit der Begründung, dass es sowohl

3 Um einen Eindruck vom Stil dieser Berichterstattung zu geben, sei die Szene zitiert, in der der Autor beschreibt, wie er und sein Kollege dem Präsidenten den Befund mitteilen: “Rendez-vous est pris un soir à l’Elysée. Nous sommes le 16 nov. 1981. Nous arrions à 20 heures. François Mitterand, en costume bleu, nous reçoit dans ses appartements privés. Nous allons dans la salle de bains. Steg (der Kollege Claude Gublers) l’examine puis, pendant que le Président se rehabille, fait une grimace et me confie à mi-voix: “Localement tout est normal”; avant que j’ai le temps d’exprimer mon étonnement, il ajoute: “Il n’y a aucun doute, les localisations osseuses sont d’origine prostatique”. Nous repassons tous les deux dans le salon. Que lui dire? Nous nous interrogeons. “La moyenne de survie, c’est trois ans” murmure Steg, “sauf car rarissime”. J’ai les mains moites, la gorge nouée par l’émotion grandissante. Blêmes, nous rejoignons le Président dans la salle de bains. Il est assis sur une chaise prés de la porte qui mène à sa chambre, tassé sur lui-même. Nous sommes debout devant lui. Je dis: ”Nous avons examiné ensemble votre dossier et M. Steg va vous donner ses conclusions”. Steg prend le relais: “Voilà, mon devoir est de ne pas cacher la vérité, vous avez un cancer de la prostate qui est diffusé dans vos os et cette diffusion est importante”. Le Président murmure: “Je suis foutu”; nach Massis, D. 1997, chron. 291 (291), der aus dem Buch zitiert.

in ihre eigene Privatsphäre eingreife („atteinte à la vie privée“) als auch in die des verstorbenen Präsidenten. Das Tribunal de Grand Instance Paris hielt im Verfahren des einstweiligen Rechtsschutz fest, dass der Schutz des Privatlebens eines Verstorbenen sich dann auch auf die Nachkommen erstreckt, wenn diese selbst gleichzeitig eine Verletzung des Rechts auf Respektierung ihres Familienprivatlebens geltend machen können[4]. Die Cour d'appel Paris bestätigte die Entscheidung im Ergebnis, stellte aber klar, dass die Hinterbliebenen aus eigenem Recht klagen[5].

Hiergegen wehrten sich beklagter Autor und Verlag mit der Begründung, dass höchstpersönliche Rechte wie der Schutz des Privatlebens immer nur durch den betroffenen Rechtsinhaber persönlich geltend gemacht werden können, nicht jedoch durch dessen Rechtsnachfolger. Die nun angerufene Cour de Cassation zitierte die Entscheidungen der Vorinstanzen nahezu vollständig, ohne sie zu kommentieren[6]. Dann hielt sie fest, der Autor habe die ärztliche Schweigepflicht verletzt, woraus den Klägern ein Schaden entstanden sei, so dass die Entscheidungen der Vorinstanzen im Ergebnis bestätigt werden.

---

4 TGI Paris réf, D. 1996, IR, 96 (96): „ ... s'entend à celle de ses proches lorsque ceux-ci sont fondés à invoquer le droit au respect de leur vie privée familiale“.

5 CA Paris, D. 1996, IR, 102 (102).

6 Vgl. Cass civ., JCP 2000, II, 10241.

C) Die kassationsgerichtlichen Entscheidungen

Schon bei erster Lektüre der kassationsgerichtlichen Urteile fällt auf, dass eine bestimmte formale Struktur zugrunde liegt. Daher soll zuerst der Aufbau einer solchen Entscheidung, der Prüfungsmaßstab der Cour de Cassation und ihr geschichtlicher Werdegang betrachtet werden, bevor der Inhalt der hier getroffenen Entscheidungen erörtert wird.

I) Kassationsgerichtliche Urteile im allgemeinen

Der Kassationsgerichtshof ging aus dem am 1. 12. 1790 gegründeten „Tribunal de Cassation" hervor [7], das ursprünglich dem Gesetzgeber als Hilfsorgan beigeordnet war, um darüber zu wachen, dass die Gerichte nicht vom Text der Gesetze abweichen.

Es galt nämlich als unzulässige Durchbrechung des Gewaltenteilungsprinzips, wenn Richter Gesetze auslegten, geschweige denn Regelungslücken von sich aus schlossen[8]. 1802 wurde dieses Tribunal unter Napoleon in „la Cour de Cassation" umbenannt und zum höchsten Gericht erhoben[9]. Seit die Verfasser des Code civil die Notwendigkeit richterlicher Gesetzesinterpretation ausdrücklich anerkannt hatten[10], ging die Cour de Cassation mehr und mehr dazu über, Gesetze zu interpretieren und angegriffene Urteile der unteren Gerichte aufzuheben, sofern sie Gesetze fehlerhaft ausgelegt oder angewandt hatten. Heute hat sie die Aufgabe, die Einheitlichkeit der Rechsprechung zu gewährleisten[11].

Gegenstand der Überprüfung durch die Cour de Cassation ist allein die rechtliche Wertung der Urteile unterer Gerichte, nicht aber die Tatsachenfeststel-

---

7 Bellet, RID comp. Bd. 30 (1978), 193 (193).

8 Zweigert/Kötz, § 9, I, S. 118; Bellet, RID comp. Bd. 32 (1980), 293 (294).

9 Bellet, RID comp. Bd. 32 (1980), 293 (293).

10 Zweigert/Kötz, § 7, II, S. 88/89; Portalis: „L'office de la loi est de fixer par de grandes vues des maximes générales du droit, d'établir des principes féconds en conséquence et non descendre dans les détails des questions qui peuvent naître sur chaque matière. C'est aux magistrats et aux juristes, pénétrés de l'esprit des lois d'en diriger l'application... La science du législateur consiste à trouver dans chaque matière les principes en action, de les ramifier, de les étendre par une application sage et raisonnable." nach Bellet, RID comp. Bd. 32 (1980), 293 (294).

11 Guimezanes, 1.2, B, I, 3, S. 40.

lung[12]. Sie konnte ursprünglich nur Urteile aufheben, also der Kassationsbeschwerde[13] stattgeben, oder diese ablehnen. Heute kann sie bei Entscheidungsreife auch endgültig entscheiden[14]. Außerdem ist die Cour de Cassation kein echtes Instanzgericht, denn die Kassation gilt als außerordentlicher Rechtsbehelf, dem grundsätzlich kein Suspensiveffekt zukommt[15]. Das Kassationsgericht ist prinzipiell zuständig für Angriffe gegen Urteile jeder Instanz und gilt daher als ein auf Rechtsverstöße beschränktes „Allheilmittel"[16].

Kassationsgerichtliche Entscheidungen bestehen aus einem einzigen Satz und haben entweder die Stattgabe oder die Ablehnung des Kassationsbegehren zum Inhalt. Die Cour de Cassation ist um extreme Kürze bemüht[17], so dass der Prozessgeschichte kein Raum gegeben wird[18] und sich die Urteilsbegründung zwischen Subjekt und Prädikat des Entscheidungssatzes in einer Reihe, meist durch „attendu que" („in der Erwägung, dass") eingeleiteter Nebensätze findet[19].

Diese „chapeau" genannte Begründung stellt die abstrakte Zusammenfassung der Norm dar, die der angefochtenen Entscheidung zugrunde lag[20]. Der „chapeau" enthält weder Angaben zu Namen, Daten, Geldsummen oder sonstigen Umständen des Sachverhalts. Entkleidet aller nebensächlicher, aber auch dogmatischer Überlegungen stellt er juristische Begriffe in abstrakt-genereller Form vor. Er birgt in seiner reinsten Form die Antwort auf die der Cour de Cassation vorgelegten Frage[21]. Bei Klageabweisung enthält der „chapeau" den Leitsatz der Entscheidung, der mit dem der Cour d'appel identisch ist.

Der der Entscheidung zugrundeliegende Sachverhalt wird im Rahmen des „chapeau" nur so weit ausgeführt, wie er für das Verständnis der einzelnen Kassationsrügen („moyens"), die Begründung des vorinstanzlichen Urteils und die Ansicht des Kassationsgericht unbedingt notwendig erscheint.

Das Urteil endet mit dem „dispositif d'arrêt", der eigentlichen Entscheidung. In den hier vorliegenden Urteilen ist dies die Klageabweisung.

---

12 Ghestin, titre III, chapitre II, section 2, Rnr. 516, S. 457; Corves, DRiZ 1966, 139 (139).
13 „pouvoir de cassation": Corves, DRiZ 1966, 139 (139).
14 Hübner/Constatinesco, II, § 3, 2), a), S. 16.
15 Guimezanes, 1.2, B, I, 3, S. 41.
16 Corves, DRiZ 1966, 139 (140).
17 Lindon, JCP 1975, 2681, II, a).
18 Corves, DRiZ 1966, 139 (141).
19 Perdriau, JCP 1986, 3257, Rnr. 47.
20 Perdriau, JCP 1986, 3257, Rnr. 45.
21 Perdriau, JCP 1986, 3257, Rnr. 56.

II) Inhalt der zu besprechenden Urteile

Obwohl alle Entscheidungen zum postmortalen Persönlichkeitsschutz ergingen, weisen sie doch in ihrer Begründung zumindest vordergründig so große materielle Unterschiede auf, dass sie zunächst getrennt dargestellt, später jedoch gemeinsam analysiert werden.

1) „Non Lieu“

Das Gericht fasste die Kassationsbegehren von Autor und Verlag wegen ihres engen Zusammenhangs zu einer Klage zusammen, über die Klage der Fernsehgesellschaft entschied es hingegen gesondert.

Die Kassationsbeschwerden von Autor und Verlag wurden mit der Begründung verworfen, dass die Rechtsansicht der Cour d'appel der der Cour de Cassation entspreche, und der Verlag daher zum Ersatz des den Eltern von Brigitte Dewevre entstandenen immateriellen Schaden gemäß Artikel 1382 Cc verpflichtet seien.

Mit gleicher Begründung wurde die Klage der Fernsehgesellschaft abgewiesen.

Schon die Cour d'appel hatte ihre Entscheidung einzig auf die Grundlage von Artikel 1382 Cc gestützt, gleichzeitig aber deutlich gemacht, dass weder eine Verletzung der Privatsphäre („vie privée“), die in Frankreich einen ebenso starken und umfassenden wie flexiblen[22] Schutz erfährt[23], noch eine üble Nachrede („diffamation“) vorlägen. Das Urteil erging demnach allein unter Berufung auf Artikel 1382 Cc, der Generalnorm der Haftung für eigenes Verhalten und Verschulden im französischen Deliktsrecht[24].

2) Le grand secret

Das Urteil zu „Le grand secret“ fällt sehr viel länger aus als die Entscheidungen zu „Non Lieu“. Dies liegt daran, dass die Cour de Cassation die Entscheidungen der Vorinstanzen nahezu vollständig wörtlich zitiert.

Die Vorinstanzen hatten den Hinterbliebenen François Mitterands auf Grundlage von Artikel 9 Cc, dem Schutz des Privatlebens, Schadenersatz zugesprochen

22 Gounalakis, Privacy, C), VII), 2), d), S. 74.
23 Ferid/Sonnenberger, 1 D 147, S. 357.
24 Choi, C, I, 1, S. 127.

und die Veröffentlichung verboten. Die Veröffentlichung stelle für die Hinterbliebenen sowohl eine Verletzung ihres eigenen Rechts auf Respektierung des Privatlebens („droit au respect de la vie privée“) dar, als auch eine Verletzung des Privatlebens François Mitterands. Als Hinterbliebene seien sie berufen, auch die Persönlichkeitsverletzung des Verstorbenen geltend zu machen. Die Cour de Cassation zitiert die Entscheidungen der Vorinstanzen, die sich in der Herleitung der Aktivlegitimation der Hinterbliebenen hinsichtlich der Rechte des Verstorbenen unterschieden, ohne dies jedoch zu kommentieren. Im Ergebnis jedoch hielt die Cour de Cassation diese Entscheidungen aufrecht, stützte aber einen Schadenersatzanspruch wegen der Verletzung von Rechten François Mitterands auf die Verletzung der ärztlichen Schweigepflicht und somit auf Artikel 1382 Cc, ohne jedoch unmissverständlich deutlich zu machen, weswegen sie der Argumentation der Untergerichte nicht folgte. Manche Autoren schlossen daraus, dass hierin eine Änderung einer gefestigten Rechtsprechung zu sehen sei[25].

Das Urteil erging demnach sowohl unter Berufung auf Artikel 1382 Cc – der Generalnorm für deliktische Haftung – als auch unter Berufung auf Artikel 9 Cc – der Norm für das Recht auf Respektierung des Privatleben. Wegen der Unterschiede des Deliktsrechts in Deutschland und Frankreich wird zunächst einmal auf die Ausgestaltung des Rechts aus unerlaubter Handlung in Frankreich eingegangen, woran sich eine ausführlichere Darstellung des Privatlebensschutzes durch Artikel 9 Cc anschließt.

III) Grundlagen des französischen Deliktsrechts

Grundlage des französischen Deliktsrechts sind im Wesentlichen die seit 1804 fast unveränderten[26] Artikel 1382 -1386 Cc. Artikel 1382 Cc postuliert den auf die Naturrechtslehren des 17. Jahrhunderts zurückgehenden[27] Grundsatz, dass wer durch sein Verschulden („faute“) einem anderen einen Schaden zufügt, auch mit seinem Vermögen dafür einstehen soll[28]. Dies wird durch den nachfolgenden Artikel 1383 Cc präzisiert, wonach ein jeder für den von ihm verursachten Schaden selbst verantwortlich ist[29]. Deshalb werden diese beiden Normen auch als

25 Caron, D. 2000, som, 266 (267).
26 Hubrecht, IV, A, 3, a, S. 94.
27 Zweigert/Kötz, § 40 IV, S. 619.
28 Art. 1382 Cc: „Tout fait quelconque de l'homme, qui cause à autrui un dommage, oblige celui par la faute duquel il est arrivé, à le réparer“.
29 Art. 1383 Cc: Chacun est responsable du dommage qu'il a causé non seulement par son fait, mais encore par sa négligence ou par son imprudence“.

Einheit betrachtet[30] und häufig gemeinsam zitiert. Da solche Generalnormen wenig geeignet sind, genaue Tatbestandsmerkmale für einen Deliktsanspruch zu umgrenzen, beruht das System des Deliktsrechts in Frankreich in erster Linie auf richterlicher Rechtsfortbildung. Eine Haftung aus Artikel 1382 Cc wird hiernach ausgelöst, wenn ein durch schuldhaftes Verhalten („faute") kausal verursachter („lien de causalité") Schaden („dommage, préjudice[31]") hervorgerufen worden ist. Folglich müssen drei Voraussetzungen verwirklicht sein: Schaden, haftungsbegründendes Verhalten und Kausalzusammenhang.

1) Der Schaden („le dommage, le préjudice")

Der Schadenbegriff umfasst im französischen Recht sowohl materielle als auch immaterielle Schäden[32]. Unter materiellen Schäden („dommage matériel, reél") sind alle geldwerten Beeinträchtigungen von Rechten zu verstehen[33]. Ein immaterieller beziehungsweise moralischer Schaden („dommage moral") liegt bei Beeinträchtigungen vor, die keinen in Geld qualifizierbaren Nachteil, keine Vermögensminderung nach sich ziehen[34], beispielsweise durch Angriffe auf die Ehre einer Person oder ihr Recht am eigenen Bild.

Obwohl „dommage materiel" und „dommage moral" dogmatisch differenziert werden, werden sie nicht unterschiedlich behandelt. Dies rührt daher, dass eine Beschränkung des Schadenersatzes auf materielle Schäden im französischen Deliktsrecht nicht existiert[35]. Ob „dommage materiel" oder „moral" besteht, liegt grundsätzlich im Ermessen des Richters.

Der Schaden muss sicher, unmittelbar und gegenwärtig („certain, direct et actuel") sein[36].

Wirkliche Bedeutung hat aber nur das Element des sicheren Schadeneintritts („dommage certain")[37], denn das Kriterium des unmittelbaren Schaden („dommage direct") wird eher als Kausalitätsproblem denn als Qualifikation des Schaden angesehen[38].

30 Mazeaud/Tunc, I, Chapitre I, section II, Rnr. 47, S. 56; Schmitz, § 2, I, 2, S. 21.
31 Beide Begriffe werden synonym gebraucht: Chartier, chapitre I, 1, S. 1; Carbonnier, livre II, titre I, sous-titre I, chapitre I, 1°, Rz. 88, S.361.
32 Zweigert/Kötz, § 40 IV, S. 620.
33 Lalou/Azard, Chapitre II, section I, § 2, Rnr. 149, S. 95.
34 Starck, Chapitre II, section II, § 2, B, Rnr. 111, S. 70.
35 Simon, 2. Teil, A, I, 1, a), S. 140.
36 Carbonnier, IV, livre II, titre I, sous-titre I, chapitre I, 1°, 1, a – c, Rnr. 88, S. 362 – 364.
37 Jourdan, RTD civ. 1997, 662 (664): .
38 Simon, 2. Teil, A, I, 1, a), S. 141.

Ob ein Schaden gegenwärtig („dommage actuel") ist, wird ebenfalls vornehmlich theoretisch behandelt: Einmal ist es regelmäßig in der Prüfung des „dommage certain" enthalten, denn sobald es sich um einen „dommage actuel" handelt, muss dieser zwangsläufig auch „certain" sein[39]. Andererseits besteht die Möglichkeit, einen Schadenersatz zu gewähren, obwohl der Schaden zwar nicht als „actuel" eingestuft werden kann, der Schaden nach Überzeugung des Richters aber als sichere Folge des schädigenden Verhaltens in der Zukunft erkennbar entstehen wird und es sich damit um einen „dommage certain" handelt[40].

So verbleibt das Kriterium des „dommage certain" zur Abgrenzung von Eventualschäden („dommage eventuel")[41]. Ein Schaden gilt als „certain", sobald er entweder schon eingetreten ist, oder erkennbar eintreten wird.

2) Das schuldhafte Verhalten („faute")

Die „faute" stellt den Zentralbegriff des französischen Deliktsrecht dar[42]. Man könnte daher annehmen, die „faute" als Rechtsbegriff verlange nach einer Vereinheitlichung durch die Rechtsprechung und damit nach einer höchstrichterlichen Definition.

Stattdessen fällt auf, dass eine genaue Begriffsbestimmung eben nicht existiert, obwohl sie auch als „einziger Schutzwall" [43] gegen eine uferlose Ausweitung von Schadenersatzansprüchen bezeichnet wird. Vielmehr ergeben sich sogar von Fall zu Fall unterschiedliche Auffassungen von „faute" innerhalb der höchstrichterlichen Rechtsprechung, womit die Cour de Cassation bald ihre Milde bald ihre Strenge unter Beweis stellt. Außerdem begnügt sich die Cour de Cassation in den meisten Fällen damit, die Streitfälle jeweils nur als Einzelfall zu entscheiden, ohne generelle, allgemein verbindliche Rechtsprinzipien aufzustellen[44]. Daher besteht weder Klarheit noch Einigkeit über Wesen und Inhalt der „faute".

Die Cour de Cassation selbst begrenzt sich darauf, die Urteile der Untergerichte auf Rechtsfragen zu überprüfen: Während es den Untergerichten obliegt, die Tatsachen festzustellen, die Vorliegen oder Fehlen einer „faute" begründen, unterliegt die rechtliche Qualifikation eines Verhaltens als „faute" der Kontrolle der Cour de Cassation. Weiterer Grund für die fehlende Präzisierung ist die traditionelle Überzeugung, dass objektives Unwerturteil über das schädigende Ver-

39 Mazeau/Tunc, I, Chapitre III, section I, § 1, Rnr. 216, S. 270, 271.
40 Lalou/Azard, Chapitre II, section I, § 1, Rnrn. 139, 140, S. 88.
41 Mazeau/Tunc, I, Chapitre III, section I, § 1, Rnr. 216, S. 270, 271.
42 Ferid/Sonnenberger, 2 O 102, S. 460.
43 Ferid/Sonnenberger, 2 O 102, S. 460.
44 G. Viney, Rnr. 440 aE.

halten und subjektiver Schuldvorwurf nicht klar voneinander zu trennen seien, sondern vielmehr ineinander übergehen[45]. Die „faute“ könne nämlich sowohl im Verstoß gegen eine vorgegebene Norm liegen, als sich auch aus einem konkreten Verhalten ergeben[46].

Außerdem kann nur derjenige schuldhaft handeln, dessen Handlungen zurechenbar erscheinen. Daher fällt selbst die Frage nach der Schuldfähigkeit in den Problembereich dieses Begriffes.

Deswegen wurde die „Faute“ nach älterer Auffassung als seinem Verursacher zurechenbares unstatthaftes Verhalten („fait illicite imputable à son auteur“) definiert[47]. Der Begriff der „faute“ setzte sich somit zusammen aus einem objektiven Element, der Unstatthaftigkeit des Verhaltens („fait illicite“), und einem subjektiven, der persönlichen Zurechenbarkeit („l'imputabilité“). Diese von Teilen der Lehre stark kritisierte Vermischung von objektiven, subjektiven und persönlichen Elementen rührt daher, dass der Code civil die Ersatzpflicht für außervertragliche Schäden nicht nur ausdrücklich von der Rechtswidrigkeit unabhängig macht, sondern sogar hervorgehoben wird, dass der Satz „nulla poena sine lege“ im Zivilrecht nicht gilt[48].

Kritik am Begriff der „illicité“ wurde laut, weil nicht unumstritten ist, was genau darunter zu verstehen ist[49].

Sie wird einerseits definiert als Eingriff in ein Recht[50] andererseits als Eingriff in eine rechtlich garantierte Domäne[51]. Wie schwer es fällt, den Begriff der „faute“ durch einen so unbegrenzten Begriff wie der „illicité“ zu beschreiben, zeigen die Definitionsversuche der „faute“ durch die französische Rechtslehre. So wurde einerseits unter Betonung des subjektiven Elements versucht, „faute“ als Verletzung einer Pflicht anzusehen, die der Handelnde hätte kennen und erkennen müssen[52], während andererseits ein früherer Definitionsversuch die objektive Seite der „faute“ betonte, und sie als Verfehlung einer objektiv vorhandenen Pflicht definierte[53]. Hieraus resultierte der Versuch, einen Verhaltenskatalog zu formen, damit die „faute“ objektiv bestimmbar würde.

45 Wiedekehr, 113 (114).
46 Aubry/Rau, VI, titre III, Rnr. 343, S. 519, 520.
47 Jourdain, Fasc. 120-1, RNr. 12.
48 Weill/Terré, Obligations chapitre II, section 1, § 1, 2°, b, RNr. 620, S. 634.
49 Jourdain, aaO., RNr. 13.
50 Demogue, Traité des obligations en général, t. III, RNr. 225.
51 Deliyannis, S. 52.
52 Ferid/Sonnenberger, 2 O 102, S. 460.
53 „La faute est un manquement à une obligation préexistante“: Planiol, Marcel, Revue critique de législation et de jurisprudence 1905, 283ff, nach Ferid/Sonnenberger, 2 O 105, S. 461.

Dem Begriff der „l'illicité" wurde vorgeworfen, er sei unnötig, illusorisch ja sogar gefährlich.

Der Begriff sei unnötig, weil er nicht umreiße, wann eine „faute" vorliege. Dies wurde als gewollte Verwissenschaftlichung verstanden, so dass „l'illicité" als „fautologie"[54] oder als „logomachine"[55] bezeichnet wurde.

Er sei illusorisch, da es unmöglich sei, alle Pflichten und Obliegenheiten zu definieren, deren Verletzung eine „faute" begründen können. Das schuldhafte Verhalten könne durchaus auch ohne gesetzlich normierte Pflicht existieren und auch ohne dass überhaupt ein Gesetz verletzt worden wäre.

Der Begriff der „l'illicité" sei schließlich sogar gefährlich, weil er den Eindruck erwecke, man könne ein schuldhaftes Verhalten an den Tag legen, wenn man kein Recht oder keine Pflicht verletze[56].

Als Konsequenz ihrer Kritik an der herkömmlichen Definition von „faute" sah sich die neuere Lehre gezwungen, andere Definitionen zu entwickeln. Diese sollten offener ausfallen und jeglicher moralischer oder psychologischer Aspekte entsagen. Allen gemeinsam ist die Annahme, die „faute" beinhalte eine negative Abweichung von Verhaltenspflichten durch den Handelnden.

Eine gänzliche Abkehr von moralisch-sittlichen Elementen hat sich aber nicht durchgesetzt, vielmehr wird heute die Auffassung vertreten, „faute" sei als Unwerturteil zu verstehen, in das soziale und sittliche Elemente einfließen[57], so dass keine abschließende Definition möglich ist. Unter „faute" wird heute jedes Fehlverhalten („erreur de conduite") verstanden[58] und es bleibt Aufgabe der Rechtsprechung, diesen Begriff durch Analyse der verschiedenen Einzelfälle auszufüllen.

Die Schwierigkeit in der Anwendung dieser Begriffsdefinition liegt darin, zu beschreiben, welche Pflicht verletzt wurde und worin diese ihren Ursprung hat – dieselbe Schwierigkeit, die schon bei den klassischen Definitionsversuchen der „faute" bestand. Allerdings gingen diese davon aus, dass alle Verhaltenspflichten bekannt seien oder durch Gesetz oder Vertrag bestimmt werden könnten.

Genau hieran entzündete sich die Kritik der neueren Auffassung, die dieser Überlegung dann einen „bonus pater familias" als Referenzperson entgegensetzte: Da nur einige Verhaltenspflichten bestimmt seien, ergäbe sich ein schuldhaftes Verhalten daraus, dass sich eine Person so verhalte, wie es eine vernünftige Person, eben jener objektiv zu bestimmende bonus pater familias, nicht getan hätte. Daraus folgt auch die Methodik bei Bestimmung einer „faute":

---

54 Mazeaud/Tunc, Traité, t. I, RNr. 389.
55 Malaurie/Aynes, RNr. 27.
56 zum Ganzen Mazeaud/Tunc aaO.
57 Weill/Terré, Obligations chapitre II, section 1, § 1, 2°, b, Rnr. 620, S. 634.
58 Aubry/Rau, VI, titre III, Rnr. 343, S. 519, 520.

Grundlage ist die Suche nach der Verhaltenspflicht, deren Verletzung das angegriffene Resultat begründet[59]. Danach folgt die Frage, ob sich die objektiv zu bestimmende Referenzperson ebenso verhalten hätte, worauf sich die Frage anschließt, ob die in Frage stehende Situation dann nicht eingetreten wäre. Hierbei ist ein Vergleich des Handelnden mit einem vernünftigen Dritten[60] in gleicher Situation anzustellen, wobei als Referenzperson vom Bild des „bonus pater familias" ausgegangen wird[61], wie es bereits aus dem römischen Recht bekannt ist[62].

Auch im Code civil gilt der pater familias als Referenz des Artikel 1137 Cc für „faute" eines Verwahrers, an dem die Theorie der Vertragsverletzungen im französischen Zivilrecht entwickelt wurde[63], während Artikel 1383 Cc lediglich festlegt, dass ein schuldhaftes Verhalten auch durch die beiden Fahrlässigkeitsarten „négligence" und „imprudence" verwirklicht sein kann.

Unterschieden wird weiterhin zwischen „faute délictuelle" bei vorsätzlicher[64] und „faute quasi-délictuelle" bei fahrlässiger Begehungsweise[65].

Die vorsätzliche Zufügung eines Schaden begründet automatisch eine „faute", denn darin liegt immer eine Verhaltenspflichtverletzung („erreur de conduite")[66]. Der Schädigende muss mit dem Willen gehandelt haben, einem anderen einen bestimmten Schaden zuzufügen, so dass Voraussetzung hierfür nach überwiegender Ansicht direkter Vorsatz ist[67]. Gleiches gilt, wenn jemand ein geschriebenes Recht verletzt[68], denn niemand darf gegen das Gesetz verstoßen[69].

Die Handlung wird daher tatsächlich nur dann wirklich auf das Vorliegen einer „erreur de conduite" überprüft, wenn nachlässig („négligence") oder unvorsichtig („imprudence"), also fahrlässig gehandelt wurde[70], wie es zum Beispiel die Cour de Cassation im Anschluss an die Cour d'appel im Fall „Non Lieu" festgestellt hat.

---

59 Simon, 2. Teil,A, I,1,b), S.143; Heldrich, 2. Teil, I, 1, S. 27.

60 „type être humain et de conduite humaine": Marty/Raynaud, I, sous-titre III, chapitre II, section II Rnr. 457, S. 512.

61 Lambert-Faivre, RTD civ. 1998, 1 (6); Mazeaud/Tunc, I Rnr. 417; Planiol/Ripert/Esmein, 2me partie, chapitre 1er, section I ,Rnr. 489, S. 661.

62 Hecke, ZfRV 1986, 81, (82).

63 Jourdain, JC civ, Fasc. 120-1, RNr.7

64 Heldrich, 2. Teil, A, I, 1, c, S. 29.

65 Simon, 2. Teil, A, I,1,b), S. 144.

66 Rodière, titre I, chapitre I, section II; § 1er, Tz. 1394.

67 Biesalski, III, B, 1, S. 65.

68 Simon, 2. Teil, A, I, 1, b), S. 144.

69 Simon, 2. Teil, A, I, 1, b), S. 144; Hubrecht, 63 (68).

70 Aubry/Rau, VI, titre III, Rnr. 343, S. 519, 520.

Ob in einem Verhalten eine Pflichtverletzung liegt, wird abstrakt und losgelöst von den individuellen Fähigkeiten des Handelnden ex post unter Zuhilfenahme des vernünftigen und objektiven Dritten festgestellt[71]. Hätte diese fiktive Vergleichsperson sich anders verhalten und den Schaden nicht verursacht, liegt ein schuldhaftes, haftungsbegründendes Verhalten („faute") durch Verhaltenspflichtverletzung („erreur de conduite") vor.

Hierbei ist allerdings beim Gebrauch des Begriffes „haftungsbegründendes" Verhalten Vorsicht geboten, weil die Schwere der Verfehlung in die Schadenberechnung einfließt[72], so dass die „faute" auch haftungsausfüllende Elemente einschließt.

Der Begriff der „faute" umfasst somit Haftungsbegründung, -ausfüllung und Haftungsfähigkeit des Verletzenden.

Die „faute" kann sowohl in positivem Tun als auch in Unterlassen bestehen. Bei Verwirklichung der „faute" durch Unterlassen wird zwischen Unterlassen bei einer Handlung und dem reinen Unterlassen unterschieden: Ersteres liegt bei Nichtbeachtung einer Rechtspflicht bei einer Handlung, letzteres bei schlichtem Nichthandeln vor. Die reine Unterlassung ist dann unproblematisch, wenn gesetzlich normierte Handlungspflichten nicht beachtet wurden oder vorsätzlich nicht gehandelt wurde, um einen Schaden zuzufügen.

Zwischen Rechtsprechung und Literatur umstritten ist jedoch die Frage, ob sich eine Pflichtwidrigkeit, wie bei vorsätzlicher Begehung auch, aus Verkehrssitte, Sittengesetz oder einer allgemeinen Handlungspflicht ergeben kann. Durchgesetzt hat sich die Rechtsprechung, die die Möglichkeit einer Pflichtwidrigkeit durch Unterlassen einer gesetzlich nicht normierten Handlungspflicht bejaht. Hierbei beruft sie sich auf historische Autoritäten wie Donat und Loysel, auf die der Grundsatz zurückgeht „wer verhindern kann und das nicht tut, sündigt"[73].

Eine „faute" besteht somit immer dann, wenn durch ein Verhalten ein Verstoß gegen eine durch das Recht vorgegebene Verhaltensregel begründet wird[74], sei es, dass ein Verstoß gegen geschriebenes Recht vorliegt, sei es, dass ein Verstoß gegen allgemeine Verhaltensregeln festgestellt werden kann. Die allgemeinen Verhaltensregeln, deren Verletzung eine „faute" begründet, umfassen mithin sowohl geschriebene, also gesetzlich normierte, wie ungeschriebene Regeln[75]. Zu den gesetzlich normierten Verhaltensregeln zählen alle förmlichen wie auch materiellen Gesetze, während bei den ungeschriebenen Verhaltensregeln an die

---

71 Mazeaud/Tunc, I, chapitre IV, section I, § 2, Rnr. 423, S. 494.

72 Bormann; 3. Kap., § 2, A, S. 127.

73 „Qui peut et n'empêche, pêche" nach Mazeaud/ Chabas II. 1. Nr. 465.

74 Berchon, JC. civ., Art. 1382 – 1386, Fasc. 120-1, Rnr. 19.

75 Viney, IV, livre I, 1e partie, titre III, sous-titre I, chapitre I, section I, sous-section 1, Rnr. 446, S. 535.

Fälle gedacht werden muss, in denen ein Verhalten dem Gewohnheitsrecht, den von der Rechtsprechung entwickelten Verhaltensregeln, den guten Sitten oder den Berufs- und Standesregeln entgegensteht[76]. Allerdings ist auch jedes sonstige Verhalten, das von dem eines Menschen von durchschnittlicher Sorgfalt und Einsichtskraft abweicht, als pflichtwidrig und damit als „erreur de conduite" zu verstehen[77], wenn es einen anderen schädigt.

Aus alledem ergibt sich bei dem weit gestreuten Anwendungsbereich des französischen Deliktsrechts zwangsläufig eine gewisse Unübersichtlichkeit.

3) Rechtswidrigkeit einer „faute"

Zwar ist der Begriff der Rechtswidrigkeit im französischen Deliktsrecht unbekannt, doch wird gleichwohl der strafrechtliche Begriff des „fait justificatif", des Rechtfertigungsgrundes in das Zivilrecht übertragen, wenn es in französischen Darstellungen um den Ausschluss der „faute" geht[78]. Innerhalb der „faute" wird denn auch zwischen Vorsatz und den beiden Fahrlässigkeitsformen Nachlässigkeit („négligence") und Unvorsicht („imprudence") unterschieden, wobei diese Unterscheidung aber eher theoretischer Natur ist, weil sie meist gemeinsam angenommen werden[79].

Neben den hier nicht einschlägigen Rechtfertigungsmöglichkeiten wie Notwehr, Notstand, höhere Gewalt, Befehl der Staatsgewalt kann eine „faute" auch wegen Einwilligung des Verletzten, infolge Risikoübernahme des Verletzten oder durch Handeln aufgrund und im Rahmen eines dem Schädiger zustehenden Rechts ausgeschlossen sein, sofern dieses Recht nicht missbräuchlich angewandt wird[80]. Ein dem Schädiger zustehendes Recht kann auch aus der Wahrnehmung berechtigter Interessen, zum Beispiel dem Informationsrecht der Presse, folgen. Dieses Interesse muss allerdings mit angemessenen Mitteln verfolgt werden, was zusätzlich subjektive Elemente, wie Sorgfalt („prudence") und Aufrichtigkeit („sinscérité") des Handelnden verlangt[81].

76 Ferid/Sonnenberger, 2 O 120, S. 465.
77 Ferid/Sonnenberger, 2 O 120, S. 465.
78 Ferid/Sonnenberger, 2 O 125, S. 466.
79 Simon, 2. Teil, A, I, 1, b, S. 145.
80 Ferid/Sonnenberger, 2 O 126 – 135, S. 466 – 468.
81 Simon, B, II, 1, c), S. 174.

4) Der Kausalzusammenhang („le lien de causalité")

Es muss ein Kausalzusammenhang („le lien de causalité") zwischen „faute" und „dommage", gleichgültig ob materiell oder immateriell, bestehen.

Voraussetzung hierfür ist zwar ein sicherer und unmittelbarer Zusammenhang („rapport direct et certain") zwischen Schaden und Verletzungshandlung[82], das bedeutet aber nicht, dass dem französischen Richter eine allgemein anerkannte Theorie zur Bestimmung der Kausalität zur Verfügung stünde[83]. Selbst die Notwendigkeit einer solchen Theorie stellen Stimmen in der französischen Rechtslehre in Frage[84].

Aus dem Fehlen einer Theorie zur Bestimmung der Kausalität ergibt sich als Konsequenz, dass die Rechtsprechung die Frage nach dem Vorliegen eines Kausalitätszusammenhangs überwiegend empirisch, eher unter Orientierung an eine moralische, denn an eine materielle Kausalität beantwortet[85]. Der Kausalitätszusammenhang erscheint als Wertungskorrektiv zur Entscheidung, ob eine Wiedergutmachung gerecht ist[86].

Der Kausalitätszusammenhang im französischen Deliktsrecht lässt sich dementsprechend als pragmatisches Zuordnungsprinzip qualifizieren, das sowohl auf objektiven als auch auf subjektiven Elementen und immer unter Berücksichtigung moralischer Aspekte beruht[87].

IV) Die einzelnen Voraussetzungen der Ansprüche in allen Fällen

Nach dem Gesagten hätte den Klägern ein immaterieller Schaden durch die Veröffentlichung beider Bücher, im Fall des Romans „Non lieu" auch durch die Verfilmung entstanden sein müssen.

Die Eltern von Brigitte Dewevre wehrten sich mit dem Hilfsantrag gegen die Veröffentlichung des Romans unter dem Hinweis, dieser verletze das Andenken an ihre Tochter. Das Ehepaar Dewevre beruft sich also auf die Verletzung von Persönlichkeitsrechten. Die Cour d'appel und im Anschluss daran auch die Cour de Cassation hielten das Begehren der Eltern für schutzwürdig und sprachen ihnen einen Schadenersatz zu. Dabei ließen die Gerichte offen, auf welche Art der Persönlichkeitsverletzung sie sich beriefen. Sie beschränkten sich darauf, zu ver-

---

82 Gorny, Gaz. Pal. 2003, libre propos, 16 (16)..
83 Sonnenberger/Schweinberger, § 5, Rnr. 47.
84 Marty/Raynaud, chapitre II, sous-titre III, section III, Rnr. 549, S. 684.
85 Carbonnier, 2°, Rnr. 213, S. 393.
86 Biesalski, III, C, 2, S. 114.
87 Hübner/Constantinesco, 3. Teil, I, § 22, 4, b, S. 162.

deutlichen, dass es sich weder um eine „diffamation" noch um eine „atteinte à la vie privée" handele.

Die Kinder und die Ehefrau des Präsidenten wehrten sich mit der Begründung gegen die Veröffentlichung des Buches, dass der Text sowohl in ihre eigene Privatsphäre eingreife als auch in die des verstorbenen Präsidenten. Die Cour de Cassation sprach ihnen einen Schadenersatz aufgrund Verletzung der eigenen Privatsphäre zu und Verbot die Veröffentlichung des Buches, weil es unter Verletzung von Berufsregeln zustande gekommen sei. Zum selben Ergebnis war zuvor des Gericht der ersten Instanz unter Berufung des Privatlebensschutzes gekommen, ohne den Schwerpunkt der Entscheidung auf die Verletzung der ärztlichen Schweigepflicht gelegt zu haben.

Die unterschiedliche Struktur des Rechtsschutzes gegen Persönlichkeitsverletzungen in Deutschland und Frankreich lässt es sinnvoll erscheinen, den Persönlichkeitsschutz in Frankreich an dieser Stelle allgemein darzustellen.

V) Der Persönlichkeitsschutz in Frankreich

Französische Gerichte beurteilten in vielen Entscheidungen die Verletzung von Persönlichkeitsrechten ohne Einwilligung des Verletzten auf Grundlage des Artikel 1382 Cc und prägten hierbei den Begriff der „vie privée". Um diesen zu beschreiben, nutzte die Rechtsprechung in den sechziger Jahren den Begriff des „patrimoine moral"[88], den sie anlässlich der Klage Marlene Dietrichs gegen die Veröffentlichung der „Mémoires inédits"[89] einführte.

Hier wehrte sich die Schauspielerin gegen eine dreiteilige Artikelserie über ihr Leben, die auf einem angeblichen Interview mit einem Reporter basiert haben sollte, das aber nie stattgefunden hatte. Die Cour d'appel Paris hatte in diesem Fall festgehalten, dass „die Erinnerungen an das Privatleben eines jeden Individuums seinem ideellen Eigentum angehören, so dass niemand das Recht hat, diese ohne bewusste und unzweideutige Einwilligung desjenigen, dessen Leben erzählt wird, zu veröffentlichen, selbst wenn er ohne boshaften Willen handelt"[90].

Das Tribunal de Grande Instance Seine hielt 1966 fest, „das Privatleben gehört zum ideellen Eigentum jeder natürlichen Person und stellt wie ihr Bild die

88 Ideelles Eigentum.
89 Unveröffentlichte Erinnerungen.
90 CA Paris, D. 1955, jur., 295 (296): „ les souvenirs de la vie privée de chaque individu **appartiennent à son patrimoine moral**, que nul n'a le droit de les publier même sans intention malveillante sans l'autorisation expresse et non équivoque de celui dont on raconte la vie", Hervorhebung des Verfassers; vgl. auch CA Paris, Gaz. Pal. 1966, I, 39 (39) – Picasso.

Fortsetzung der Persönlichkeit dar"[91] und führt damit den Begriff des „prolongement de la personnalité" [92] ein, den es an den des „patrimoine moral" anlehnte. Schon bevor der Gesetzgeber das Recht auf Respektierung des Privatlebens („droit au respect de la vie privée") kodifiziert hatte, gestanden manche Gerichte den Betroffenen ein Recht des Individuums auf seine persönliche Sphäre zu, wie im Fall Trintignant, in welchem die Cour d'appel Paris festhielt, dass jedes Individuum ein Recht auf Geheimhaltung seines Privatlebens habe und dies einen Anspruch auf Schutz desselben begründe[93].

Ein wesentlicher Begriff für den Rechtsschutz bei Persönlichkeitsverletzungen ist somit der der „vie privèe", der in dem durch das Gesetz vom 17. Juli 1970 eingeführten Artikel 9 Cc genannt wird, und der in den strafrechtlichen Normen der Artikel 226 I, 226 II, 226 VI und 226 VIII des Code pénal eine Ergänzung findet.

Zweiter zentraler Begriff des Persönlichkeitsschutzes in Frankreich betrifft den der üblen Nachrede („diffamation"), der aber in den zu besprechenden Entscheidungen nicht einschlägig war. Dieser Begriff findet seine Grundlage im Gesetz über die Meinungsfreiheit von 1881, so dass hier eine kurze Beschreibung dieses dem Strafrecht zuzurechnenden Gesetzes und seiner beiden persönlichkeitsschützenden Normen angezeigt erscheint.

1) „La loi du 29 julliet 1881, relative à la liberté d'expression"

Das Gesetz über die Meinungsäußerungsfreiheit vom 29.07.1881[94] ist auf alle Veröffentlichungen anwendbar, seien es periodische Presseerzeugnisse, Bücher oder Veröffentlichungen im Internet[95].

Da es dem Bereich des Strafrechts zugeordnet ist[96], wird es hier nur insoweit dargestellt werden, als Auswirkungen auf das Zivilrecht hat oder zivilrechtlich geltend gemacht werden kann. Eine zivilrechtliche Geltendmachung ist nur unter den strengen Voraussetzungen der „action civile" möglich, die neben weiterer formaler Besonderheiten im Anschluss an die in Artikel 29 PresseG normierten Tatbeständen besprochen werden.

---

91 TGI Seine, JCP 1966, II, 14875 Nr. 1.

92 Fortsetzung, Ausweitung der Persönlichkeit.

93 CA Paris, D. 1966, 749 (749).

94 Loi relative à la liberté d'expression, im Folgenden PresseG.

95 Pierchon, JC-civ., Art. 1382 à 1386, Fasc. 435, RNr. 2; Gueder, Gaz. Pal. 2002, doct., 731 (732).

96 Mazars, Rapport 2001, 171 (181).

Das Pressegesetz behandelt in den Artikeln 29 – 35bis die gegen Personen gerichteten Handlungen[97]. Die beiden für den Persönlichkeitsschutz relevanten Deliktsformen sind in Artikel 29 PresseG geregelt. Es handelt sich zum einen um die „diffamation“, die Verleumdung, und zum anderen um die „injure“, die Beleidigung.

Hierbei bildet der Tatbestand der „diffamation“ nach Artikel 29 I PresseG den Grundtatbestand des strafrechtlichen Ehrenschutzes. Beleidigung und Verleumdung eröffnen gemäß Artikel 38 I PresseG nur dann den Weg über Artikel 29 PresseG, wenn der Verantwortliche die Beleidigung des Verstorbenen vorsätzlich herbeiführen wollte[98].

Ansonsten werden die Klageberechtigten auf das Entgegnungsrecht nach Artikel 13 in Verbindung mit Artikel 34 II PresseG verwiesen. Das Entgegnungsrecht hat jedoch keinen Sanktionscharakter, sondern soll den Berechtigten erlauben, seine Rechte zu verteidigen und seinen Protest gegen die Veröffentlichung allgemein bekannt zu machen[99].

Der Beweis der vorsätzlichen Beleidigung oder Verleumdung ist den Berechtigten jedoch selten gelungen. Daher ist es außergewöhnlich, wenn eine auf Art. 29 und 34 PresseG gestützte Klage wegen Verletzung des Andenkens an einen Verstorbenen zu einem Schadenersatz führt[100].

Allerdings ist es auch vom Gesetzgeber beabsichtigt, wenn er den Schadenersatz gemäß Pressegesetz so ausnehmend strengen Voraussetzungen unterwirft, um die Meinungsfreiheit im Allgemeinen und die Geschichtsforschung im Speziellen zu schützen[101]. Es war gewünscht, die strafrechtliche Verantwortung, auf die das Gesetz über die Pressefreiheit vom 29.07.1881 ja zielt[102], eines Historikers, Journalisten oder sonstigen Autors erst dann zum tragen kommen zu lassen, wenn er sich darauf zurückzieht, über einen Verstorbenen zu schreiben, ohne auf die Lebenden Rücksicht zu nehmen. Es wäre jedoch einem Verbot jeglicher historischer Recherche gleichgekommen, wenn den Erben erlaubt worden wäre, gegen jede Veröffentlichung vorzugehen, die die Ehre oder das Ansehen der Verstorbenen angreift. Der Schutz der Geschichtsforschung impliziert, dass dem Historiker die Möglichkeit gegeben sein muss, alles zu veröffentlichen, was ihm aufgrund seiner Recherche bekannt ist, sei es nun der Ehre des Verstorbenen zuträglich oder nicht, ohne zur systematischen Schönfärberei verurteilt zu sein.[103]

---

97 Délits contre les personnes.
98 Mallets-Pujol, D. 1998, jur., 432 (432).
99 Pelissier Gateau-Guilleman, JC-Civil, fasc. 133-20, RNr.65.
100 Pelissier Gateau-Guilleman, JC-Civil, fasc. 133-20, RNr.66.
101 Mallets-Pujol, D. 1998, jur. 432 (432).
102 Mazars, aaO.
103 Pelissier Gateau-Guilleman, JC-Civil, fasc. 133-20, RNr. 67.

Die Normen des Pressegesetzes stehen in einem Ausschließlichkeitsverhältnis zu der deliktischen Haftung des Code civil. Demnach ist eine zivilrechtliche Haftung nach Artikel 1382 Cc immer dann ausgeschlossen, wenn sie von Tatbeständen des Pressegesetzes umfasst ist[104]. Somit verbleiben für Ansprüche aus Artikel 1382 bis 1386 Cc konsequenterweise nur solche Verfehlungen, die ihre Grundlage in Verunglimpfung, im Mangel an Objektivität, in Ungenauigkeiten, in Verfälschungen von Tatsachen oder der Persönlichkeit haben[105].

Im Folgenden werden „diffamation“ und „injure“ kurz dargestellt, woran sich die Darstellung der „action civile“ anschließt.

a) „La diffamation“

Voraussetzungen einer „diffamation“ sind die öffentliche Behauptung einer bestimmten Tatsache, für deren Richtigkeit keine Verantwortung übernommen wird („allégation“), oder die Verbreitung einer verleumderischen Tatsache, für deren Richtigkeit jemand persönlich eintritt („imputation“), die geeignet sind, Ehre oder Ruf einer bestimmten Person zu beeinträchtigen.

Die Behauptung muss vorsätzlich erfolgen. Diese „intention coupable“ wird vermutet und kann gemäß Artikel 41 III PresseG nur durch Nachweis der „bonne foi“ widerlegt werden.

Die Rechtfertigungsmöglichkeit der „bonne foi“ liegt jedoch erst dann vor, wenn höherrangige öffentliche Interessen die Veröffentlichung rechtfertigen[106]. Das Merkmal der Öffentlichkeit einer Behauptung ist zwar nicht in Artikel 29 I PresseG genannt, folgt jedoch aus den Artikeln 30 bis 32 PresseG.

Die Behauptung oder Beleidigung muss sich gegen eine „bestimmte Person“ richten, wobei es jedoch ausreicht, wenn die betroffene Person erkennbar oder zumindest aus den genannten Umständen identifizierbar ist.

Als weitere Voraussetzung ist erforderlich, dass mit der Behauptung Ruf oder Ehre der Person beeinträchtigt wird. Ein Angriff auf die Ehre einer Person wird angenommen, wenn Beschuldigungen erhoben werden, die sich gegen die Rechtschaffenheit, die Ehrenhaftigkeit oder allgemein gegen die Moral richten. Ein Angriff auf den Ruf einer Person liegt immer dann vor, wenn eine Behauptung geeignet ist, die gesellschaftliche Position einer Person zu kompromittieren, unabhängig, ob diese Person in ihrem privaten, öffentlichen oder beruflichen Leben angegriffen wird. Da die Verletzung von Ehre und Ruf in Art. 29 PresseG hin-

104 Mazars, Rapport 2001, 171 (182); Cass plén, JCP G 2000, I, 280, n°2: „les abus de la liberté d'expression prévus et réprimés par la loi du 29 julliet 1881 ne peuvent être réparés sur le fondement de l'article 1382 du Code civil“.

105 Pelissier-Gateau/Guillemain, JC civ. fasc. 133-20, RNr. 72

106 Zur „bonne foi“ vgl.: Bormann, S. 25 ff.

sichtlich des Schutzumfangs gleich behandelt werden, hat die Unterscheidung keine praktische Bedeutung.[107]

Gleiches gilt für die Unterscheidung von „allégation“ und „imputation“, weil Gesetz und Gerichte beide Begriffe gleich behandeln[108].

Bei der Behauptung muss es sich um einen „fait déterminé“, eine bestimmte Tatsache handeln, die dem Beweis zugänglich ist[109].

Schon hieran könnte es im Fall Dewevre gefehlt haben. Fraglich ist auch ein „dommage direct“ der Eltern, denn durch die Veröffentlichung des Romans „Non lieu“ und die darin beschriebenen homosexuellen Neigungen mag zwar eine „diffamation“ der Tochter Brigitte gegeben sein. Der Schwerpunkt der Äußerung bezieht sich jedoch auf die Getötete, so dass eine üble Nachrede gegenüber den Eltern nicht festgestellt werden kann. Allerdings eröffnen Beleidigung und üble Nachrede nur dann den Weg über Art 29 PresseG, wenn gemäß Art. 38 I PresseG der Verantwortliche die Beleidigung des Verstorbenen mit der Veröffentlichung vorsätzlich herbeiführen wollte[110].

Rechtsfolge einer „diffamation“ wären Gegendarstellungsanspruch („droit de reponse“), Unterlassungsanspruch und Schadenersatz nach Artikel 29 I PresseG gewesen[111]. Autor, Verlag und Fernsehgesellschaft wurde jedoch lediglich Fahrlässigkeit vorgeworfen.

Daher hatte schon die Cour d'appel die Berufung der Eltern Dewevre auf eine „diffamation“ abgelehnt, und die Cour de Cassation war ihr gefolgt.

Das Buch „le grand secret“ hingegen fußte auf wahrheitsgemäß berichteten Tatsachen, so dass die „diffamation“ in keiner Entscheidung eine Rolle spielen konnte.

b) „L'injure“

Die „injure“ ist in Artikel 29 II PresseG normiert. Hiernach ist jeder beleidigende, verächtlich machende Ausdruck, der keine Tatsachenbehauptung enthält, eine „injure“[112].

Die „injure“ ist nicht von so großer Bedeutung wie die „diffamation“, weil ehrverletzende Werturteile überwiegend auch Tatsachenbehauptungen enthalten.

---

107 Vgl. als Überblick zum strafrechtlichen Schutz: Pelissier-Gateau/Guilleman, JC civ. 2003, fasc. 133-10, RNrn. 33 –35.

108 Statt vieler: Cass. Crim., JCP 1967, II, 15067.

109 Berchon, JC civ. 1990, fasc. 133-1, B, Rnr. 33.

110 Tallon, Encyclopédie, personnalité, RNr. 163.

111 Koch, B, III, S. 11.

112 „Toute expression outregeante, terme de mépris ou invective qui ne renferme l'imputation d'aucun fait".

Kommen in einer Veröffentlichung sowohl „injure“ als auch „diffamation“ vor, so werden erstere von der „diffamation“ konsumiert[113]. Beim Tatbestand der „injure“ ist die Herausforderung als Rechtfertigungsgrund anerkannt.

Die vorliegende Arbeit betrachtet die Behandlung eines fiktiven Romans mit realem Hintergrund und ein Enthüllungsbuch, denen beiden kein beleidigender Charakter im Sinne einer „injure“ vorgeworfen werden konnte.

c) „L'action civile“

Da das Pressegesetz dem Strafrecht zugeordnet wird, besteht die einzige Möglichkeit die Verletzung seiner Normen vor einem Zivilgericht geltend machen zu können, in einer Art Adhäsionsverfahren, der „action civile“.

Gemäß Artikel 2,3 und 4 Code de la Procedure Pénale hat der Verletzte die Wahl, sein Begehren vor dem Zivilgericht vorzubringen oder die Strafgerichte damit zu beschäftigen[114]. Hierbei ist es nicht notwendig, dass ein Strafverfahren („action publique“) schon eröffnet wurde. Die „action civile“ löst jedoch das Strafverfahren aus, weil ein Strafgericht nicht allein über die „action civile“ entscheiden kann[115]. Auch besteht die Möglichkeit dem schon anhängigen Strafverfahren als Nebenkläger beizutreten („constitution de partie civile“).

Hat der Verletzte vor einem Zivilgericht Klage erhoben, so verbietet ihm Artikel 5 Code de la Procedure Pénale einen Wechsel zur „action civile“. Umgekehrt kann er jedoch von Verfolgung seiner Ansprüche im Wege der „action civile“ absehen und nach Artikel 426 Code de la Procedure Pénale die Zivilgerichte anrufen[116].

Die „action civile“ ist nur solange möglich, wie noch kein rechtskräftiges Strafurteil vorliegt. Der Verletzte bleibt dann auf die Zivilgerichte beschränkt. Nach dem Grundsatz „le criminel tient le civil en état“ wird bei Anhängigkeit einer Strafklage gemäß Artikel 4 II Code de la Procedure Pénale eine später erhobene Schadenersatzklage vor den Zivilgerichten ausgesetzt, um widersprechende Urteile zu vermeiden[117].

Die „action civile“ muss nach Artikel 65 PresseG innerhalb von drei Monaten nach Veröffentlichung von Beleidigung oder übler Nachrede erhoben werden[118]. Hierbei muss der Kläger nach Artikel 50, 53 PresseG genau angeben, welche Handlung exakt („l'indication des faits“) als welche Persönlichkeitsverletzung

113 Pierchon, JC civ., 1998, fasc. 435. RNr. 38.
114 Pierchon, JC civ., 1998, fasc. 435. RNr. 8.
115 Pierchon, JC civ., 1998, fasc. 435. RNr. 14.
116 Ferid/Sonnenberger 2 O 56, S. 455.
117 Pierchon, JC civ., 1998, fasc. 435. RNr. 9.
118 Mallet-Poujol, D. 1998, jur. 432 (435).

(„qualification des indications des faits“) anzusehen ist und unter welcher Norm dieses Verhalten zu subsumieren („visa du texte applicable à la poursuite“) ist[119], so dass der Angegriffene sicher wissen kann, gegen welche Vorwürfe er sich aufgrund welcher Norm wird zur Wehr setzen müssen[120].

Eine ungenaue oder fehlerhafte Angabe dieser Elemente führt zur Nichtigkeit der Klage[121]. Dies liegt an der Zielrichtung des Pressegesetztes: Es soll in erster Linie die Pressefreiheit schützen und nicht die Persönlichkeitsrechte. Nur der exzessive Gebrauch der Pressefreiheit soll dazu führen, dass der Autor einer verleumderischen oder beleidigenden Veröffentlichung sich einer Verfolgung ausgesetzt sieht. Die kurze Frist von nur drei Monaten sorgt dafür, dass diese Verfolgung in einem überschaubaren zeitlichen Rahmen geschieht[122].

Das Pressegesetz war in den hier besprochenen Fällen nicht anwendbar, weil den Autoren keine schädigende Absicht nachgewiesen werden konnte.

2) „Atteinte à la vie privée“ – Versuch einer theoretischen Bestimmung

Der am 17. Juli 1970 in den Code civil eingefügte Artikel 9, der den Schutzbereich der Privatsphäre („vie privée“) umgrenzt[123], enthält keine Definition zur „vie privée“, sondern normiert längst gefestigte Rechtsprechung ohne diese genauer zu bestimmen[124]. Vielmehr blieb es der richterlichen Rechtsfortbildung überlassen, den Begriff auszufüllen[125], der sowohl öffentlichrechtliche als auch zivilrechtliche Aspekte birgt[126].

Die „vie privée“ bleibt ohne jede vermögensrelevante Auswirkung. Ein Verwertungsmonopol des Einzelnen über Aspekte seiner Persönlichkeit entspringt nicht der „vie privée“, sondern der Vertragsfreiheit[127]. Jedoch hat sie in zivilrechtlicher Hinsicht zwei nichtvermögensrelevante Aspekte: Einerseits gibt sie als Abwehrrecht ihrem Inhaber die Möglichkeit, sich gegen Einmischungen von außen zu wehren. Andererseits beinhaltet sie auch das Selbstbestimmungsrecht,

---

119 Cass. Crim. Bull. 1984, n° 226; Cass crim D. 2002, jur., 1807 (1807).
120 Pierchon, JC civ., 1998, fasc. 435, RNr. 30.
121 Ständige Rsp. seit Cass. Crim. Bull. 1937, n° 130.
122 Pierchon, JC civ., 1998, fasc. 435, RNr. 79.
123 Berchon, JC civ. 1990, fasc. 133-1, Rnr. 36.
124 Badinter, JCP 1971, I, 2435, RNr. 1 ; Gounalakis, Privacy, C), VII), 2), d), S. 74.
125 Berchon, JC civ. 1990, 133-1, B, 1°, Rnr. 36 ; vgl. auch Gounalakis, Privacy, C), II), 2), d), S. 74.
126 Vgl. als Überblick zum strafrechtlichen Schutz: Pelissier-Gateau/Guilleman, JC civ. 2003, fasc. 133-10, RNrn. 33 –35.
127 Rigaux, RID comp. 1980, 701 (712).

weil sie dem Inhaber das Recht gibt, wie er nach eigenem Ermessen mit seinem Privatleben verfahren und was er davon preiszugeben möchte[128].

Zudem gilt sie als Menschenrecht, wie sich aus Artikel 12 der Allgemeinen Erklärung der Menschenrechte und aus Artikel 8 EMRK ergibt. Beide Artikel sind nach Artikel 55 der französischen Verfassung direkt anwendbar[129]. Hält ein französischer Richter eine nationale Norm für mit der Deklaration der Menschenrechte oder der EMRK unvereinbar, so hat er die internationalen Normen direkt anzuwenden, nachdem er diese interpretiert und ausgelegt hat[130]. Hierbei ist er nicht an Entscheidungen internationaler Gerichte gebunden, wird sie aber nutzen[131].

Außerdem gilt die „vie privée" als staatsbürgerliches Abwehrrecht[132], da sie es dem Staat verwehrt, sich in die privaten Belange seiner Bürger einzumischen, und wird als solches vom Europäischen Gerichtshof als allen Rechtsordnungen der Mitgliedsstaaten gemeines Recht anerkannt[133].

Die „vie privée" ist aber zudem subjektives Teilhaberrecht im Sinne eines Grundrechtes[134], weil sie den Staat verpflichtet, die Privatsphären seiner Bürger – auch untereinander – zu schützen[135].

Daher bleibt eine gewisse Unklarheit des Begriffes der „vie privée" in rechtlicher und tatsächlicher Hinsicht: Die Freiheit, sein Privatleben gestalten zu können, gewährt auch das Recht auf Selbstbestimmung des Einzelnen, das Geheimnis des Privatlebens, seine Intimität[136].

Hierbei unterliegt der Begriff einem starken gesellschaftlichem Wandel, schützt er doch heute vor Veröffentlichungen von Tatsachen aus dem Privatleben, die früher noch moralisch anstößig und damit ungeschützt waren, etwa das außereheliche Verhältnis, Homosexualität[137] oder aber auch das Recht eines Transsexuellen, seinen Personenstand seinem neuen Erscheinungsbild anpassen zu lassen[138].

---

128 Pelissier-Gateau/Guilleman, JC civ. 2003, fasc. 133-10, RNrn. 29, 30.
129 Cour Cass, JCP 1975, II, 18180 bis; Mazars, Rapport 2001, 171, (177).
130 Marguénaud, D. 1993, jur. 101 (107).
131 Zdrojewski/Pettiti/Pettiti, Gaz. Pal. 1990, I, jur. 259 (260).
132 Liberté public.
133 Roux, S. 17 ; Pelissier-Gateau/Guilleman JC civ. 2003, fasc. 133-10, RNrn. 29, 30.
134 Principe fondamental.
135 Kayser, Conseil constitutionnel, S. 330.
136 Cabannes, D. 1970, jur., 466 (468).
137 Ravanas, JC-civ., Art. 9 Cc, fasc. 20, RNr. 23
138 CEDH, JCP 1993, II, 21991: Lorsque, à la suite d'un traitement médico-chirugical, subi dans un but thérapeutique, une personne présentant le syndrome du transsexualisme ne possède plus tous les caractères de son sexe d'origine et a pris une apparence physique la rapprochant de l'autre sexe, auquel correspond son

Außerdem schützt das Recht auf Respektierung des Privatlebens alle anderen die Persönlichkeit betreffenden Rechte. Begründet wird dies mit der Unteilbarkeit der Persönlichkeit: Weil die Person an sich und ihre Persönlichkeit nicht zerteilt werden kann, ist auch eine Unterteilung der verschiedenen Aspekte des Persönlichkeitsschutzes unnatürlich. Daher schließt Artikel 9 Cc das Recht am eigenen Bild („droit à l'image") und das Recht an der Stimme („droit à la voix") als Persönlichkeitsmerkmale ein [139].

Eine theoretische Eingrenzung des Begriffes der „vie privée" ist somit kaum möglich, so dass zu betrachten sein wird, wie es in der Praxis gelingt, den uferlosen Begriff auszufüllen und vor allen Dingen zu begrenzen.

3) Die Aufgabe des Richters bei Klagen gegen Persönlichkeitsrechtsverletzungen

Wegen des subjektiven Charakters von Persönlichkeitsrechten sind die Gründe, weswegen Betroffene ihre Verletzung geltend machen, für den Richter vielfach nur bedingt überprüfbar. Schließlich unterliegt es nur dem subjektiven Empfinden des Betroffenen, ob er etwas als Verletzung seines Privatlebens ansieht[140], denn nur der Einzelne hat das Recht, zu bestimmen, was aus seinem Privatleben veröffentlicht wird[141].

Der Richter muss jedoch prüfen, ob das angegriffene Verhalten wirklich eine Verletzung eines Persönlichkeitsrecht darstellt: Für das Recht an der Stimme und am eigenen Bild knüpft die Rechtsprechung an die Erkennbarkeit der betroffenen Person an.

So wurde in den Prozessen wegen des bekannten Bildes „Baiser de l'Hotel de ville" von Robert Doisneau weder einem Paar noch einem Schauspieler, die alle

---

comportement social, le principe dû à la vie privée justifie que son état civil indique désormais le sexe dont elle a l'apparence, le principe de l'indisponibilité de l'état des personnes ne fait pas obstacle à une telle modification.

139 Saint-Pau, D. 1999, jur., 541 (541).

140 Poullaud-Dulian, D. 1993, chr. 97 – 102 (98).

141 CA Paris, D. 1966, 749 (750): „La personne privée a seule le droit de fixer les limites de ce qui peut être publié ou non sur sa vie intime, en ce temps que les circonstances et les conditions dans lesquelles ces publications peuvent intervenir"; Lindon/Amson, D. 1987, som, 384 (386): „Seule la personne intéressée est habilitée à décider de faire ou de laisser publier la relation de faits concernant sa vie privée, dans les temps et le contexte choisis par elle"; CA Paris, D. 1998, IR, 32 (32): „Toute personne ...a droit au respect de sa vie privée et peut fixer elle-même les limites de ce qui peut être publié en ce domaine"; TGI Paris, D. 1973 IR, 212 (212): „Toute personne physique est maîtrise de son image et a seule le droit de fixer les circonstances et les conditions dans lesquelles cette image peut être utilisée".

behaupteten, für das Bild posiert zu haben, ein Anspruch zuerkannt, weil keiner der Drei beweisen konnte, auf diesem Bild wirklich erkennbar dargestellt zu sein[142].

Die Person muss als solche wiedererkennbar sein. Daher wurde Catherine Deneuve ein Schadenersatz verwehrt, als sie gegen die Verwendung einer Photographie einer Büste der Marianne zu Werbezwecken klagte, für die sie Modell gestanden hatte, weil der Bildhauer nicht sie, sondern eben Marianne abgebildet habe[143].

Schwieriger noch ist diese Entscheidung im Bereich der Privatsphäre. Diese soll gegen Einmischung in das persönliche Umfeld und gegen Veröffentlichungen von Tatsachen aus der Intimsphäre geschützt werden.

Im Rahmen von Artikel 9 Cc muss der Richter daher die Frage nach der Vertraulichkeit der angegriffenen Veröffentlichung stellen. Die „vie privée" umfasst jedenfalls Gesundheitszustand[144], Familienstand[145], religiöse Überzeugung[146], freundschaftliche, amouröse oder familiäre Beziehungen[147], so dass es Artikel 9

142 Fremond, Gaz. Pal. 1994, I, 131 (133),: „La protection de ce droit de personnalité (hier le droit à l'image) ne peut être mis en œuvre qu'à la condition que le sujet photographié soit reconnaissable"; vgl auch TGI Paris, Gaz. Pal. 1994, I, 131 (131): „La protection conférée à chacun contre la réalisation et la publication de son image fixée notamment au moyen d'une photographie, est subordonnée à la condition qu'il s'agisse véritablement d'une reproduction de ses traits".

143 Amson, D. 1989, som 91 (93): „Doit être rejettée l'action en dommages-intérêts intentée par une actrice qui a servi de modèle au buste sculpté de Marianne et qui ne démontre pas l'existence d'une **correspondance certaine** entre son image et la photographie de ce buste utilisée pour une publicité, dès lors que le sculpteur n'a pas réalisé un buste de l'actrice mais celui de Marianne et que la part d'inspiration provenant de la physionomie de l'actrice est ainsi absorbée par le symbole de la République française qu'est le personnage mythique de Marianne" (Hervorhebung vom Verfasser).

144 Lindon, D. 1985, som. 14 (16): „Le secteur de la santé, éminemment personnel, mérite plus qu'aucun autre le secret. La révélation d'une opération chirucale qui aurait été pratiquée sur la personne d'un acteur célèbre (...) constitue une atteinte caractérisée à sa vie privée".

145 CA Paris, D. 1998, IR, 32 (32): „La révélation de faits relatifs à la filiation et aux liens familiaux d'une personne concerne sa vie privée".

146 Ständige Rsp. seit Cass crim, D. 1874, I, 273 (275).

147 Lindon/Amson, D. 1987, som 136 (139),: „Les allégations contenues dans l'article d'un journal concernant la vie conjugale du comte de Paris relèvent incontestablement de sa vie privée"; siehe auch Lindon/Amson, D. 1986, som 445 (447), die CA Paris, 20.02.1986 wie folgt zitieren: „L'allégation d'homosexualité, réelle ou supposée, quelle que soit la coloration morale qu'on y attache, constitue pour le moins une atteinte à l'intimité de la vie privée d'un homme politique"; Cass. civ, D. 1999, som, 371 (376); Lemouland, D. 1999, somm., 371 (376): „Une lettre

Cc verbietet, Einzelheiten hieraus zu verbreiten. Anknüpfungspunkt ist somit die Frage, ob solche Tatsachen der Öffentlichkeit normalerweise zugänglich sind oder im konkreten Fall zugänglich gemacht werden sollen[148].

a) Missbräuchliche Geltendmachung von Persönlichkeitsrechten

Aus dem subjektiven Charakter der Persönlichkeitsrechte resultiert die Schwierigkeit ihrer Überprüfung durch den Richter. Dies bedeutet jedoch nicht, dass nicht überprüfbar wäre, ob Persönlichkeitsrechte zu recht oder unrecht geltend gemacht werden.

Gemäß der Theorie vom Rechtsmissbrauch[149] wird vielmehr danach gefragt, ob das Persönlichkeitsrecht rechtsmissbräuchlich geltend gemacht wird. Missbräuchlich wird ein Recht wird immer dann eingefordert, wenn es einzig in Anspruch genommen wird, um einem anderen zu schaden[150].

Diese Theorie fand noch bis in die sechziger Jahre innerhalb der Lehre Gegner, die den Persönlichkeitsrechten einen „caractére discrétionnaire" zusprechen wollte[151], so dass sie eben nicht überprüfbar seien[152]:

Zwar wird den Persönlichkeitsrechten insofern ein „caractére discrétionnaire" zugestanden, als es allein im Ermessen des Betroffenen steht, ob er seine Persönlichkeitsrechte geltend macht. Es reicht grundsätzlich die Behauptung, in seiner Persönlichkeit verletzt zu sein, ohne dies weiter begründen[153]. Der „Ermesscharakter" von Persönlichkeitsrechten darf aber nicht so weit führen, dass es möglich ist, sie geltend zu machen, ohne vom Richter überprüfbar zu sein. Denn dann entstünde eine Kategorie von Rechten, die in letzter Konsequenz nie miss-

---

ayant pour objet de révéler une situation de concubinage (...) porte atteinte au droit consacré par l'art. 9 Cc".

148 Vgl. CA Paris, D. 1995, IR, 140 (140), die eine Zeitung auf Grundlage von Art. 9 Cc. verurteilte, die den Mülleimer einer bekannten Persönlichkeit nach Weihnachten und Neujahr durchstöberte, um ihren Lesern mitteilen zu können, welche Geschenke die Kinder erhielten, welche Medikamente eingenommen und welche Menüfolgen verspeist wurden.

149 „l'abus de droit", vgl. Josserand, RNr. 306, S. 389.

150 Capitant, RTD civ. 1928, 365 (375).

151 Roets, D. 1997, chr. 92 (96), Nr. 3.

152 Snirelli, S. 570; Rouast, RNr. 2, auf den die Terminologie zurückgeht; Ripert, RNr. 100, S. 174.

153 Vgl. Pollaud-Dulian, JCP 1991, II, 21760, II, A), 405 (408): „C'est en cela que le droit moral est discrétionnaire: á partir du moment oú l'auteur invoque des considérations artistiques, intellectuelles ou morales correspondant à la défense de sa personnalité à travers son œuvre, le juge n'a pas à apprécier la valeur de ces motifs".

bräuchlich angewandt werden könnten[154]: Jedes Recht, jeder Anspruch muss der richterlichen Kontrolle unterworfen sein[155].

Der Ermessenscharakter von Persönlichkeitsrechten bezieht sich nur darauf, dass der Richter den Beweggrund des Geltendmachenden nur schwer anhand objektiver Kriterien überprüfen kann[156]. Dies schließt jedoch nicht aus, dass die ihre Ausübung selbst nicht einer richterlichen Kontrolle unterläge.

Die überwiegende Meinung in Rechtsprechung und Literatur geht deshalb davon aus, dass alle Persönlichkeitsrechte, wie andere Rechte auch, der Theorie vom Rechtsmissbrauch unterliegen. Sie soll im Rahmen der Persönlichkeitsrechte nach Ansicht in der Literatur sogar weiter gefasst sein als bei anderen Rechten, da nicht nur die Klagen mit der Absicht, andere zu schädigen hierunter fallen sollen, sondern auch solche, die eine antisoziale Ausübung der Persönlichkeitsrechte beinhalten würden[157].

---

154 Vgl. Courtieu, J. Cl. Civil, Art. 1382 à 1386, Fasc. 131 – 1, 1997, RNr. 32: „il est regrettable et excessif d'admettre l'existence de droits discrétionnaires par nature"; Cadiet, RNr. 14: „En effet, il paraît excessif de soustraire d'emblée une catégorie de prérogatives au contrôle de juge compte tenu du rôle modérateur que joue la théorie de l'abus de droit"; Ghestin/Goubeaux/Fabre-Magnan, RNr. 775, S. 762: „Au fond, la question des droits dits discrétionnaires paraît moins relever d'une délimination plus ou moins arbitraire du domaine d'application de la théorie de l'abus de droit que d'une conception souple du critère de l'abus. Le contrôle est plus ou moins sévère selon le cas, cela signifie pas qu'il soit d'emblée à exclure en certaines matières. ... Finalement, l'existence d'un domaine échappant à la théorie de l'abus de droit en raison du caractère discrétionnaire des prérogatives accordées aux particuliers se justifie assez mal"; Bénabent, RNr. 553, S. 278: „il est aujourd'hui admis qu'il peut y avoir abus de droit en toutes matières et qu'il n'y a pratiquement pas de droit „discrétionnaires" ou „absolus", dont le titulaire pourrait faire n'importe quel usage sans avoir aucun compte à rendre"; Carbonnier, RNr. 230, S. 390: „ il n'est pas sûr qu'il devrait y avoir une catégorie de droits subjectifs soustraite a priori au contrôle du juge".

155 Starck, S. 198: „L'individu n'utilise pas ses prérogatives légales dans une île déserte, mais dans un milieu social: il serait inconcevable de lui permettre d'agir d'une façon antisociale."; Terré/Simler/Lequette, RNr. 709, S. 580: „Les droits subjectives, secrétés par le groupe social et probablement indispensable à celui-ci, ne peuvent être envisagés isolément".

156 Vgl. Lombois, RNr. 383, S. 188: „à l'état pur le droit sur l'image est une faculté discrétionnaire de s'opposer à sa diffusion. Il n'y a pas de raisons à donner. „Je ne veux pas" et cela suffit".

157 Bigot, D. 1999, chr 235 (239):„on doit se demander si les droits de la personnalité, en tant que tels, doivent être rangés dans la catégorie des droits dits discrétionnaires. Cela a été soutenu au motif que le juge ne pouvait en contrôler l'exercice pour des motifs objectifs, mais l'argument ne semble pas déterminant, la subjectivité du juge étant de toute évidence préférable à l'exercice abusif d'un droit ou au détournement d'une protection instituée dans un but social défini".

Auch die Cour de Cassation stellte die Relativität des Rechts auf Respektierung des Privatlebens fest, als sie ausführte, dass zwar jede Person ein Recht besitze, Indiskretion und Böswilligkeit zu entgehen, so dass ihr Wille, sich der Bekanntmachung ihre Wohn- oder Ferienort zu wiedersetzen, von Dritten zu respektieren ist. Dieses Recht fände aber dann seine Grenzen, wenn es einzig mit dem rechtswidrigen Ziel geltend gemacht werde, sich seiner Verpflichtungen zu entziehen und die Rechte seiner Gläubiger ins Leere laufen zu lassen[158].

Somit unterliegen auch Persönlichkeitsrechte der Theorie von der rechtsmissbräuchlichen Geltendmachung von Normen[159].

Die Schwierigkeit besteht in der Praxis für den Richter allerdings darin, eine rechtsmissbräuchliche Geltendmachung festzustellen. Nach welchen Kriterien dies geschehen soll, ist umstritten. Einigkeit besteht nur für Klagen, die einzig erhoben wurden, um einem anderen zu schaden, so dass eine Ausübung von Persönlichkeitsrechten immer dann nicht zum Ziel führen darf, wenn der Rechtsinhaber in diesem Sinne bösgläubig handelte. Nach welchen Kriterien diese Bösgläubigkeit festgestellt werden soll, ist wie gesagt, umstritten[160].

Teile der Literatur berufen sich auf den Gedanken, dass jedes Recht ein soziales Ziel habe. Eine bösgläubige Geltendmachung könne daher immer dann angenommen werden, wenn der Kläger mit der Rechtsausübung ein anderes Ziel verfolge, als die Norm legitimiere[161]. Welches soziale Ziel jedoch haben die Persönlichkeitsrechte?

Die Persönlichkeitsrechte sind im Verhältnis der Bürger untereinander in erster Linie subjektive Abwehrrechte[162]. Daher besteht ihr Schutz primär weder darin, ein schuldhaftes Verhalten zu sanktionieren, noch einen Schaden zu ersetzen[163]. Zwar ist die Persönlichkeit heute zumindest in Teilen merkantilisierbar, so dass jedem Rechtsinhaber ein Verwertungsmonopol über seine Persönlichkeits-

---

158 Cass. civ, Bull. civ. 1, Nr. 96, 63 (63): „si toute personne est en droit, notamment pour échapper aux indiscrétions et à la malveillance, de refuser de faire connaître le lieu de son domicile ou de sa résidence, de sorte qu'en principe sa volonté doit être sur ce point respectée par les tiers, il en va autrement lorsque cette dissimulation lui est dictée par le seul dessein illégitime de se dérober à l'exécution de ses obligations et de faire échec aux droits de ses créanciers".

159 Vgl. Sirinelli, S. 569: „si les magistrats ne peuvent se prononcer sur le bien fondé de son débat intérieur, toutefois, ils peuvent en vérifier la réalité".

160 Sirinelli, RIDA jan 1992, Nr. 151, 275 (285): „Ceci posé, il reste qu'on imagine mal les hypothèses dans lesquelles cet abus pourrait exister ou être sanctionné. Un problème de preuve se posera certainement. Quel auteur serait assez fou pour proclamer sa malveillance?".

161 Starck/Roland/Boyer, RNr. 375, S. 181.

162 Roubier, S. 12: „Le droit est une prérogative opposable à tous".

163 Ravanas, JC civ., Art. 9, fasc. 20, RNr. 60, S. 13.

merkmale eingeräumt werden muss, jedoch findet dieses seine Grundlage weniger im Schutz der Privatsphäre nach Artikel 9 Cc als in der Vertragsfreiheit[164]. Dies ändert aber nichts an der Rechtsnatur von Artikel 9 Cc[165].

Nach beschriebener Literaturmeinung jedoch wäre dem Kläger der Weg über Artikel 9 Cc verwehrt, wollte er sich gegen Verwertungen seiner Persönlichkeitsmerkmale wehren. Denn die rechtlich soziale Legitimation des Privatsphärenschutzes nach Artikel 9 Cc liegt darin, dem Individuum einen Raum zu verschaffen, der frei von Einmischungen von außen bleiben muss. Die Teilhabe am Gewinn aus Verwertung von Persönlichkeitsmerkmalen ist somit nicht das Ziel des Persönlichkeitsschutzes.

Diese Ansicht vermengt jedoch Schutz des Privatlebens und Vertragsfreiheit: Obwohl die Persönlichkeitsrechte ihrem Inhaber grundsätzlich weder die Möglichkeit zugestehen, über sie zu verfügen, noch zum Ziel haben, einen Eingriff in das Verwertungsmonopol zu beenden, besteht kein Hindernis anzunehmen, sie könnten mit einem Ziel geltend gemacht werden, das den Persönlichkeitsrechten grundsätzlich fremd ist[166]. Sich gegen den Eingriff in sein eigenes Verwertungsmonopol zu wehren, hat hier den Charakter, Eingriffe in die Privatsphäre zu beenden, wobei das Abschöpfen des daraus resultierenden Profits willkommener und legitimer Nebeneffekt ist, da dem Abgeschöpften der entgangene Gewinn als Schaden zuerkannt wird[167].

Daher ist die Ansicht der Rechtsprechung und weiter Teile der Literatur vorzuziehen, die eine rechtsmissbräuchliche Geltendmachung von Persönlichkeitsrechten immer erst dann annimmt, wenn festgestellt werden kann, dass das nicht geschieht, um den rechtswidrig erlangten Vorteil abzuschöpfen, sondern um dem Gegner wiederum Schaden zu zufügen. Aus dieser eng gefassten Voraussetzung folgt, dass der Grundsatz der rechtsmissbräuchlichen Geltendmachung im Rahmen von Persönlichkeiten selten Anwendung findet[168].

---

164 Kayser, protection,RNr. 140, S. 206.

165 Ravanas, JC. civ., Art. 9, fasc. 10, RNr. 7, S. 4.

166 Colombet, D. 1995, som. 284 (288): „qu'aucune disposition n'exclut l'exercice du droit à l'image lorsqu'il est poursuivi dans un but essentiellement financier et en dehors de toute violation de la vie privée".

167 Ravanas, JC civ., Art. 9 Cc., fasc. 10, RNr. 63: "Mais l'atteinte à la vie privée demeure distincte de l'altération et de l'exploitation de la personnalité: dénaturer c'est trahir, ne pas être fidèle. La présentation est inexacte. Outre le préjudice moral, l'utilisation d'une personnalité à une fin **publicitaire cause un dommage matériel, un manque à gagner**. La protection contre ce type d'atteintes s'affirme même **en dehors de la vie privée**". Hervorhebungen vom Verfasser.

168 Lucas-Stroetter RNr. 883, S. 633.

b) Grenzen der Persönlichkeitsrechtsausübung

Jede Verletzung eines Persönlichkeitsrechts zieht grundsätzlich die Verpflichtung des Schädigers nach sich, die Verletzungshandlung zu beenden und, falls ein Schaden entstanden ist, diesen zu ersetzen[169]. Dieser Grundsatz muss aber immer dann ein Ende finden, wenn den Interessen des Persönlichkeitsrechtsinhabers andere Interessen entgegenstehen[170] oder der Rechtsinhaber in die Veröffentlichung von Tatsachen aus seinem Privatleben eingewilligt hat.

Deswegen wird im Rahmen der Persönlichkeitsrechte häufig von ihren „Begrenzungen" („limitations") gesprochen und nicht, wie bei anderen Rechten von der Rechtfertigung der Verletzungshandlung[171]. Dies hat seinen Grund auch im Abwehrcharakter der Persönlichkeitsrechte, der dem Rechtsinhaber grundsätzlich nur das Recht einräumt, gegen Einmischungen in seine Privatsphäre vorzugehen, nicht jedoch zu bestimmen, wie seine Persönlichkeit in der Öffentlichkeit dargestellt werden soll. Dieses Abwehrinteresse muss in der französischen Rechtspraxis gegenüber den Interessen des Berichtenden abgewogen werden, so dass die aus dem deutschen Recht bekannte Technik der Interessenabwägung auch im französischen Recht Anwendung erfährt[172].

Das augenfälligste der Persönlichkeitsrechtsausübung entgegenstehende Interesse ist sicherlich das Informationsrecht der Öffentlichkeit[173]. Jedoch können auch andere Grundsätze entgegenstehen, die ihre Grundlage nicht in diesem Recht finden, sonder in anderen, wie beispielsweise dem Recht der freien Meinungsäußerung, die im Anschluss an die Einwilligung in Veröffentlichungen aus dem Privatleben beschrieben werden.

---

169 Vgl. Art. 9 Cc:„(1) Chacun a un droit au respect de sa vie privée.
(2) Les juges peuvent, sans préjudice de la réparation du dommage subi, prescrire toute mesure, telle que séquestre, saisie et autres, propres à empêcher ou faire cesser une atteinte à l'intimité de la vie privée; ces mesures peuvent, s'il y a urgence, être ordonnées en référé".

170 Cornu, RNr. 498, S. 212: „La généralité des droits primordiaux de la personne humaine, dans les rapport entre particuliers, fonde leur réciprocité. Or la réciprocité fait que, dans la vie sociale, il s'agit d'harmoniser des droits semblables et concurrents".

171 Lucas-Stroetter, RNr. 885, S. 635.

172 Ravanas, D. 2000, doct., 454 (460), RNr. 16: "La technique qu'il utilise est celle de la pondération des intérêts en présence".

173 Droit du public à l'information.

aa) Einwilligung („consentement“) in eine Verletzung nach Artikel 9 Cc

Eine Einwilligung in Veröffentlichungen aus dem Privatleben kann mündlich oder durch schriftlichen Vertrag getroffen werden[174] und muss effektiv („effective“)[175] und persönlich („personel“)[176] gegeben sein. Dass der Verletzte eingewilligt hat, ist von demjenigen zu beweisen, der sich darauf beruft[177].

Eine Einwilligung in die Verletzung der Privatsphäre gilt dann als effektiv, wenn sie unmissverständlich und speziell für eine definierte Veröffentlichung erteilt wurde[178].

So hatte eine Künstlerin in die Veröffentlichung einer Photographie gegenüber einer bestimmten Zeitung eingewilligt. Als dieses Bild dann erneut in einer anderen Zeitschrift veröffentlicht wurde, wurde ihr Schadenersatz wegen Verletzung der Privatsphäre zugestanden[179], weil die einmal erteilte Einwilligung immer nur für eine Veröffentlichung gilt, solange nichts Weiteres ausgemacht wurde[180]. Eine Einwilligung kann auch stillschweigend erteilt werden[181], allerdings ist dabei äußerste Vorsicht geboten[182].

Die Einwilligung muss persönlich gegeben werden.

Daher hätten für eine Fernsehreportage über den Strafvollzug neben der allgemeinen Drehgenehmigung der Strafvollzugsverwaltung auch die Einwilligungen eines jeden einzelnen Gefilmten vorliegen müssen[183].

Einwilligungen wirken nicht in die Zukunft: So führen früher erteilte Einwilligungen oder gar nur die Duldung einer Verletzung des Privatlebens nicht zu ihrer

174 Ravanas, JC civ. Art. 9, fasc. 10, RNr. 88.

175 CA Paris, D. 1985, IR, 325 (325).

176 Ravanas, JC civ. Art. 9, fasc. 10, RNr. 91.

177 Art. 36 Abs. 3 Loi n° 78-17, 6 janv. 1978 relative à l'informatique, aux fichiers et aux libertés.

178 Ravanas, JC civ, Art. 9, fasc. 10, RNr. 90.

179 Cass 2e civ. 17.03.1977, D. 1977, IR 316 (316).

180 Hocquet-Berg, D. 1999, jur., 694 (696).

181 Tribunal de Paix Narbonne, D. 1905, II, jur., 390 (390); vgl. auch CA Paris, D. 1987, somm. 384 (384): "Le consentement d'un commentateur de télévision pour la prisé d'un cliché le représentant, à l'usage d'une agence spécialisée, comporte nécessairement l'autorisation de diffusion de l'image dans la presse à la condition que cette publication soit fait en relation avec son activité professionnelle et qu'elle soit exempte de dénaturation".

182 Cass 2e civ, D. 1982, II, jur., 65 (65) mit Anmerkung Lindon.

183 TGI Paris, Bull inf C. Cass, 1988, Nr. 726, 28 (28): "L'autorisation administrative permettant aux réalisateurs d'un reportage télévisé de pénétrer dans un établissement pénitentiaire ne les dispense pas d'obtenir du détenu qu'ils filment le consentement qu'il a seul le pouvoir de donner".

Rechtfertigung[184]. Denn es liegt einzig in der Person des Rechtsinhabers, ob er seine Recht ausüben will[185]. Allerdings verringert solches Vorverhalten die Höhe eines eventuell zu erreichenden Schadenersatz[186]. Einwilligungen in Veröffentlichungen aus dem Privatleben sind grundsätzlich eng auszulegen[187].

bb) Vom Recht der freien Meinungsäußerung unabhängige Begrenzungen

Begrenzungen von Persönlichkeitsrechten finden ihre Rechtfertigung unter anderem in der Öffentlichen Sicherheit und Ordnung[188]. Hierunter fallen die Veröffentlichung von Bildern eines polizeilich Gesuchten[189], die Hausdurchsuchung[190] oder die Telephonüberwachung[191].

Auch gehören hierzu grundsätzlich die Photographien, die an einem öffentlichen Ort aufgenommen wurden, sei es von einer Landschaft, einem Straßenzug, einer Demonstration oder einer anderen öffentlichen Zusammenkunft, solange die abgebildeten Personen nicht als alleiniges Motiv der Photographie dienen. Die Veröffentlichung einer solchen Photographie bleibt grundsätzlich auch ohne Einwilligung des Rechtsinhabers rechtmäßig und findet ihre Rechtfertigung in der Begrenzung des Einzelnen durch das Leben in der Gesellschaft[192]: Die Frei-

---

184 Vgl. Cass 2e civ, JCP 1971, II, 16723: "La tolérance et même la complaisance passée à l'égard de la presse, ne saurait faire présumer qu'elle ait permis définitivement et sans restriction à tout périodique de rassembler et de reproduire des affirmations parues dans d'autres journaux".

185 Ravanas JC civ Art. 9 Cc, fasc. 10, RNr. 80.

186 CA Paris, D. 1983, jur. 403 (403) mit Anmerkung Lindon.

187 CA Paris, D. 1985, IR, 325 (325):"Etant relevé que le père était présent pendant la prise des photographies de ses enfants et qu'il n'a, pendant la séquence, formulé aucune interdiction, cette absence d'objection n'implique nullement une autorisation de publication dans un journal"; Cass civ, Bull. Civ. I., Nr. 268: "L'abstention de la victime lors de la parution d'un livre divulguant des faits de sa vie privée ne peut lui interdire d'agir pour assurer la défense de ses droits devant l'atteinte que le film, projetant à l'écran les mêmes faits, porte à sa vie privée".

188 Im deutschen Recht normiert durch § 24 KUG.

189 Ravanas, protection, RNr. 131, S. 149; TGI Marseille, D. 1996, jur. 40 (41); Allerdings zeigt sich die französische Rechtsprechung sehr streng in den Fällen, in denen Presseorgane Photographien von Angeklagten zur Illustration von Artikeln veröffentlichen, in denen diese als Schuldige dargestellt werden: TGI Paris, Gaz. Pal. 1990, II, som. 445 (445).

190 Art. 92 ff Code de procédure pénale.

191 Ravanas, JCP 1995, II, 22547, 499 (500).

192 So schon Trib. civ. Yvetot, Gaz. Pal. 1932, I, 855 (855): „L'image d'un individu dans la rue se trouve livrée à tous les regards que le dessin ou la photographie ne fait que fixer d'une façon durable, et la représentation, dans ces conditions, des individus ... rentre dans les servitudes normales de la vie en société"; vgl. auch

heit nämlich, Plätze, Gebäude, Orte und Monumente photographieren zu dürfen, schließt konsequenterweise auch die Freiheit ein, die Personen, die sich an diesem Ort befinden, mit ablichten zu können[193].

Allerdings darf die Photographie nicht zum Ziel haben, die Person abzubilden; diese muss Beiwerk nicht Motiv des Bildes sein. Ist eine Person erkennbar abgebildet, so hat diese einen Anspruch auf Unkenntlichkeitmachung[194] als Maßnahme nach Artikel 9 II Cc, die die Verletzung des Rechts auf Respekt der Privatsphäre beendet.

Aus diesem Grund wurde die Veröffentlichung der Photographie einer Prostituierten auf öffentlicher Strasse verboten, weil sie erkennbar und das Motiv des Bildes war[195]. Ebenso erging es der Photographie französischer Touristen vor dem schiefen Turm von Pisa, mit der eine Kampagne gegen die saloppe Sommerkleidung von Franzosen im Ausland illustriert wurde, weil die dargestellten Personen erkennbar und eben nicht nur zufälliges Beiwerk, sondern unmittelbar Motiv der Photographie waren[196]. Auch die Photographie einer Person in einer Synagoge – sie gilt ebenso wie Kirchen als öffentlicher Ort[197] – zur Illustration eines Artikels über die Situation jüdischer Tunesier musste zurück gezogen werden, weil die Person erkennbar war, das alleinige Motiv des Bildes darstellte und eine Einwilligung nicht bestand[198].

In jüngerer Zeit scheinen die Gerichte jedoch der Nicht-Erkennbarkeit der Person den Vorzug gegenüber der Öffentlichkeit des abgebildeten Ortes zu ge-

---

Lindon/Amson, D 1986, som 445 (445): „Il est loisible à chacun de regarder les scènes se déroulant dans un lieu public, exposé au regard de tous, et, en principe, de les fixer et les reproduire, sans l'accord de chacun des participants à cette scène".

193 Kayser, protection, RNr. 150, S. 279.

194 Kayser, secret, S. 419; Stoufflet, JCP 1957, I, 1374, RNr. 5.

195 Lindon, D. 1974, jur 531 (531): La présence de la demoiselle R. sur la voie publique et la nature de son comportement ne l'avaient pas privé du droit de refuser son autorisation à une telle publication qui avait pour effet de divulguer cet aspect de son existence au delà des limites du quartier de Paris où elle a choisi d'exercer son activité: en reproduisant cette photographie sans avoir pris soin de masquer le visage de la demoiselle R. ..., l'éditeur a commis une faute".

196 Ca Paris, JCP 1965 II, 14305: „En ne publiant qu'une fraction de la photographie, ce qui a pour effet de centrer l'attention du lecteur de la revue sur le couple représenté, et en ne prenant aucune disposition pour que les epuox ne puissent être reconnus, la maison d'édition a manqué de la prudence ... qu'elle avait l'obligation d'observer".

197 Bertin, Gaz. Pal. 1987, I, doct. 191 (191) mwN.

198 Bertin, aaO.

ben[199]. Die Veröffentlichung der Photographie einer Person ohne deren Einwilligung bleibt daher grundsätzlich unzulässig, unabhängig davon, an welchem Ort sie aufgenommen wurde[200].

Hierin sehen Teile der Literatur[201] die Grundlage dafür, das Recht am Bild als eigenständiges Recht definieren zu können und nicht, wie Rechtsprechung[202] und überwiegender Teil der Literatur[203], als Teil des Rechts auf Respekt vor dem Privatleben: Während letzteres nur bei Veröffentlichung von privaten Belangen eingreift, ruft die Missachtung des Rechts am (eigenen) Bild auch dann eine zivilrechtliche Haftung hervor, wenn sie sich an einem öffentlichen Ort vollzieht.

Dieser Streit hat vor allen Dingen Auswirkung auf die Behandlung von Photographien einer Menschenmenge bei einer Demonstration oder einem anderen öffentlichem Ereignis: Die Literaturansicht führt konsequent angewandt dazu, dass nur Bilder von Personen des öffentlichen Lebens[204] als Teilnehmer solcher Veranstaltungen veröffentlicht werden dürften, weil nur dann ein legitimes Interesse der Öffentlichkeit auf Information bestehe[205]. Rechtsprechung und überwiegender Teil der Literatur hingegen sieht nicht die erkennbar Abgebildeten, sondern das Ereignis selbst als Motiv der Photographie an[206], so dass Bilder von öffentlichen Veranstaltungen grundsätzlich ohne Einwilligung der Abgebildeten veröffentlicht werden dürfen[207].

---

199 CA Paris, D. 1995, IR, 238 (238): „La divulgation du cliché le représentant, certes, en un lieu public, mais sans son accord exprès et spécial, est constitutive d'une atteinte au droit que celui-ci détient sur son image".

200 Vgl. auch Hassler, D. 2004, chron., 1611 (1611).

201 TGI Paris, JCP 1974, II, 17873, (2e espèce, A): „Attendu que toute personne a sur son image un droit exclusif et peut s'opposer à sa publication, alors même qu'elle ne constituerait pas une atteinte à sa vie privée"; TGI Grasse réf, JCP 1971, II, 16734: „Le droit à l'image est indépendant du droit à la protection de la vie privée, et peut subir des atteintes au cours de la vie publique de la personne, alors même qu'aucun secret n'est à préserver, il suffit que la personne concernée soit reconnaissable sur l'image, celle-ci étant un prolongement de la personnalité"; Lindon: D. 1986, somm 49 (50).

202 Cass. civ. D. 1999, jur., 541 (541)

203 Loiseau, JCP 1998, II, 10082 (RNr.4); Dupeux/Massis/Bigot, D. 1999, som. 161 (167); Saint-Pau, D. 1999, 541 (541).

204 Ravanas, protection, RNr. 143, S. 160.

205 Lucas-Stroetter RNr. 890, S. 639.

206 CA Paris, D. 1986, som, 49 (50); Sainte-Rose, JCP 2000, II, 10257, 351 (353) mwN.

207 Dupeux/Massis/Bigot, D. 1997, som. 65 (71).

Würde doch die Verpflichtung, einen jeden Abgebildeten um seine Einwilligung in die Veröffentlichung der Photographie fragen zu müssen, zum Verbot jeglicher photographisch illustrierter Berichterstattung führen[208].

Schließlich würde die von Teilen der Literatur vertretene Meinung zu einem Auseinanderfallen von zivilrechtlichem Schutz und strafrechtlicher Haftung führen: Nach Artikel 226 I Code pénal ist die Veröffentlichung des Bildes einer Person an einem öffentlichen Ort grundsätzlich straflos[209].

cc) Begrenzungen aufgrund des Rechts der freien Meinungsäußerung

Das Recht der freien Meinungsäußerung ist allen demokratischen Gesellschaften gemein und grundsätzlich geeignet, Eingriffe in Persönlichkeitsrechte zu rechtfertigen beziehungsweise die Reichweite derselben zu begrenzen[210]. Um den Rahmen der vorliegenden Arbeit nicht zu sprengen, wird das Recht der freien Meinungsäußerung hier nur insofern behandelt werden, als dass sich Historiker und Verfasser fiktiver Werke darauf berufen.

Persönlichkeitsrechtsverletzungen durch fiktive Werke werden von französischen Richtern nur selten anerkannt[211]. Denn ebenso schützenswert wie das Bild, das der Einzelne von sich hat, ist auch das künstlerische Werk und eben die freie Meinungsäußerung als Teil der Persönlichkeit des Schriftstellers[212]. Konflikte dieser beiden Rechtspositionen gehen meist zu Gunsten des Schriftstellers oder Regisseurs aus[213], da diese fiktiven Geschichten erzählen. Wird jedoch ein reales Geschehen zum Anlass seiner Geschichte genommen, so kann, wie beim Roman „Non Lieu" gesehen, der Autor zur Verantwortung gezogen werden, falls er jemandes Andenken beschädigt oder ihn verunglimpft.

---

208 CA Paris, Gaz. Pal. 1983, I, som. 203 (204): „Si nul n'a le droit d'individualiser une personne d'un groupe sans son consentement, il importe peu que le visage d'une personne participant à une scène de rue soit reconnaissable. L'obligation de demander l'autorisation de toutes personnes figurant dans un groupe sur une photographie aboutirait à prohiber la diffusion de tous les documents d'information".

209 Art. 226 Abs. 1 C. pénal: „La fixation, l'enregistrement ou la transmission de l'image d'une personne sans son consentement n'est prohibé que dans la mesure où un tel procédé caractérise la volonté de porter atteinte à l'intimité de la vie privée d'autrui".

210 Lacabarats, Gaz. Pal. 1994, II, doctrine, 1003 (1003).

211 Lucas-Stroetter RNr. 891, S. 640.

212 Lindon, D. 1985, som., 14 (16).

213 Lindon, JCP 1970, II, jur., 16550 (IV); Edelman, D. 1981, 221 (221).

Insbesondere bei filmischen Nacktszenen gelingt es dem Inhaber des Persönlichkeitsrechts, seine Rechtsposition gegenüber dem Regisseur durchzusetzen[214]: So konnte sich die letzte Freundin des am 23.02.1920 hingerichteten Massenmörders Henri Désiré Landru erfolgreich gegen Szenen im Film „Landru – der Frauenmörder von Paris" des Regisseurs Claude Chabrol wehren, in denen die sie darstellende Schauspielerin nahezu unbekleidet gezeigt wurde[215].

In der Regel jedoch führt die Berufung des Autors eines fiktiven Werkes auf die Meinungsfreiheit dazu, dass er nicht wegen strittiger Persönlichkeitsverletzung zu zivilrechtlicher Verantwortung gezogen wird.

So wurde das Begehren der Kinder Generals de Gaulles, ein Theaterstück zu verbieten, dessen Schlüsselszene aus einem fiktiven Gespräch zwischen de Gaulle und Pétain bestand, abschlägig beschieden. Begründet wurde dies mit dem ausschließlich fiktiven Charakter des Dialoges, der keinerlei historischen Anspruch erhebe und auch niemals stattgefunden habe[216]. Ein Verbot dieses Theaterstückes käme einer Privatzensur gleich und sei daher mit dem Recht auf freie Meinungsäußerung unvereinbar[217]. Noch weiter geht der Schutz satirischer Darstellungen, da dieser zur vollständigen Ausübung des Meinungsäußerungsrechts unabdingbar sei[218].

---

214 Lindon, D. 1986 som., 49 (51).

215 Lyon-Caen, der das erkennende Gericht wie folgt zitiert: JCP 1966, II, jur., 14482: „attendu, par contre, qu'elle se plaint à juste raison de n'avoir pas été consultée sur la nécessité d'être représentée à peu près nue dans les bras de Landru, et même couchée à ses côtés, jambes et cuisses et dévoilées." Das Gericht sah dadurch nicht die Verantwortung des Regisseurs begründet, der die Persönlichkeit weder verächtlich dargestellt noch lächerlich gemacht habe, sondern die des Produzenten, der nicht die Genehmigung der Klägerin dafür eingeholt habe, dass der Regisseur diese Nacktszene, die die reale Person schockieren würde, drehen dürfe.

216 TGI Strasbourg réf, D. 1989, som. 357 (357).

217 Amson, D. 1989 som. 356 (357).

218 Cass. civ., D. 1999, II, jur., 120 (120) mit Anmerkung Ravanas; vgl. TGI Paris, JCP 1988, II, jur. 20957: „**La satire comme la caricature, manifestation de la liberté de critique**, permet des exagérations, des déformations et présentations gravement ironiques"; CA Paris, D. 1992, IR, 141 (141): „Lorsqu'un article a manifestement voulu présenter les faits qui y sont relatés sur un ton et selon un registre humoristique et imagés, sur le bon goût desquels l'appréciation de chacun est libre, il en résulte que la limite habituelle du **genre satirique, qui n'en est qu'un des aspects de la liberté d'expression**, n'a pas été outrepassé"; der Schutz ist allerdings nicht unbegrenzt, vgl. TGI Paris réf, D. 1975, jurisprudence 438 (439): „La présentation de son image caricaturale ... et des termes particulièrement outrageants dans lesquels sont contestés ... sa prohibité intellectuelle et sa compétence scientifique, portent à sa personnalité une atteinte intolérable"; Lindon, D. 1985, IR 163 (165), der das Urteil der CA Paris vom 22.11.1984 wie folgt zitiert: „Il s'agit à l'évidence non pas d'une caricature – déformation grotesque et outrée mais licite de

Eine weitere Begrenzung erfahren die Persönlichkeitsrechte durch die Arbeit des Historikers.

Zwar ist dieser gehalten, nicht nur skandalträchtige Begebenheiten aus dem Privatleben der historischen Person herauszuarbeiten, jedoch kann dies notwendig sein, um ihre Charakterzüge oder Handlungen zu erklären. Somit stellt sich die Frage, wie tief der Historiker im Einzelfall in die Privatsphäre der Persönlichkeit eingreifen darf, um diese zu beschreiben[219]. Hier legt sich die Rechtsprechung enge Grenzen auf, da sie sich nicht für kompetent hält, Geschichte und ihre Darstellung zu beurteilen[220]. Daher hat der Historiker grundsätzlich die vollständige Freiheit, nach seinen persönlichen Erfahrungen, Vorstellungen und gemäß seiner Recherchen Persönlichkeiten, Begebenheiten und historische Entwicklungen zu beschreiben[221]. Der Historiker unterfällt erst dann einer zivilrechtlichen Haftung, wenn er Tatsachen ungenau oder verfälscht darstellt[222]. Dabei stellen Französische Gerichte jedoch sehr hohe Anforderungen an Historiker, die über Ereignisse während des zweiten Weltkrieges berichten[223].

---

certains traits ridicules ou déplaisants d'un individu – mais bien d'un outrage délibéré"; CA Paris, JCP 1988, II, 20957: „Les photographies ... et le texte qui les accompagne ont manifestement **pour but ... de ridiculiser et de déconsidérer les personnes concernés**; le genre satirique et humoristique du journal ne saurait l'excuser d'un tel comportement"; Auvret, JCP 1988, II, 20957 (II, A); Hervorhebung vom Verfasser.

219 Bertrand, vie privée, RNr. 131, S. 64.

220 TGI Paris, D. 1984, II, jur., 14 (15): „Attendu, ceci étant, que le juge appelé à trancher des litiges avec des matériaux exclusivement fournis par les parties, **n'a ni qualité, ni compétence pour juger l'histoire** et n'a pas reçu de la loi mission de décider comment doit être représenté ou caractérisé tel ou tel épisode de l'histoire nationale ou mondiale, qu'il en résulte que l'historien a, par principe, liberté pleine et entière d'exposer, selon ses vues personnelles ou selon l'expérience de sa propre vie, les faits, actes ou attitudes des hommes ou groupements d'hommes ayant joué un rôle dans les évènements qu'il choisit librement de soumettre à sa recherche", Hervorhebung vom Verfasser.

221 Edelman, D. 1982, jur., 61 (63); Lindon/Amson, D. 1987, som., 136 (141); TGI Paris, Gaz. Pal. 1987, I, som., 30 (30).

222 Mihura, JCP 1951, II, 6193.

223 vgl. TGI Paris, D. 1982, jur., 59 (60): „S'il est admissible que l'historien spécialiste d'une époque largement révolue peut, en toute impunité juridique, manier voire solliciter textes et documents et contribuer ainsi, par un erxercise de virtuosité historique, ... à l'éradication de thèses ou croyances séculaires, un tel „jeu intellectuel" ne saurait se concevoir chez l'historien qui choisit de porter ses recherches et ses réflexions **sur une période récente de l'histoire douloureuse** et tragique des hommes, sur un époque dont les témoins sont encore vivants et meurtris méritent égards et considération"; Hervorhebung durch den Verfasser.

Interessanterweise wurden alle diese Entscheidungen mit der Meinungsfreiheit begründet und nicht mit der Freiheit der Kunst oder der der Berufausübung.

dd) Begrenzung aufgrund des Rechts der Öffentlichkeit auf Information

Die Begrenzung von Persönlichkeitsrechten wegen des Informationsrechts der Öffentlichkeit ist sicherlich die am häufigsten genannte Kategorie von Rechtfertigungsmöglichkeiten einer Persönlichkeitsrechtsverletzung.

Es ist Aufgabe des Richters, einen Ausgleich zwischen der verletzten persönlichkeitsrechtlichen Position und der Informationsfreiheit zu finden[224], wobei die sich entgegenstehenden Interessen gegeneinander abgewogen werden müssen[225]. Sowohl die Pressefreiheit, wie die Informationsfreiheit finden nach ständiger Rechtsprechung ihre Grenzen in Artikel 9 Cc[226]. Neuere Entscheidungen nennen auch Artikel 10 EMRK, um den Rang des Privatsphärenschutzes zu verdeutlichen[227]. Auch wenn Informationsfreiheit und Privatlebensschutz als gleichwertige Rechtsgüter angesehen werden[228], kann das Recht der Berichterstattung zum Beispiel dadurch überwiegen, dass über aktuelles Geschehen berichtet wird. Dies kann es ausnahmsweise rechtfertigen, auch ohne Einwilligung des Betroffenen, über ihn zu berichten[229].

Hierin liegt der latente Konflikt beider Rechtspositionen: Einerseits hat die Öffentlichkeit das Recht, über Aktuelles unterrichtet zu werden, andererseits soll die Persönlichkeit des Einzelnen vor Einmischungen geschützt werden[230]. Hierbei sinkt der Schutz der Persönlichkeit in dem Grade, in dem die betroffene Person am öffentlichen Leben teilnimmt[231]. Wie auch in der deutschen Rechtspre-

224 Ravanas JCP 2003, II, jur., 10085, 999 (1000).

225 Teyssié, JCP 1995, I, 3874, RNr. 2, S. 396; Ravanas, D. 2000, chron., 459 (461), RNr. 16.

226 Amson, D. 1988, som., 197 (198) mwN.

227 Dupeux/Massis/Bigot, D. 1998, som., 79 (86).

228 TGI Paris, D. 1998, 154 (154): „le principe de la liberté d'expression et celui du respect dû à la réputation de la personne sont d'égale valeur et qu'il appartient au juge, pour faire respecter un nécessaire équilibre entre ces droits, d'adopter les mesures appropriées".

229 TGI Paris, Gaz. Pal. 1990, II, som, 445 (445); Lindon, D. 1985, som., 14 (16): „La liberté de la presse exige que puissent être divulguer des informations sur les sujets les plus divers, relatifs notamment à la vie publique et même, dans des cas exceptionnels, à certains aspects de la vie privée des personnages auxquels s'intéresse le publique".

230 Ravanas, protection, RNr. 165, S. 173.

231 Lindon, JCP 1965, I, 1887, RNr. 3: „Selon la nature de la participation de l'individu à la vie politique, économique ou sociale du pays, les limites de la vie privée se déplacent et époussent des concours variables qu'il appartient aux

chung existiert eine kaum zu überblickende Fülle von Entscheidungen wegen tatsächlicher oder vermeintlicher Persönlichkeitsverletzungen von Politikern, Sport- oder anderen Berühmtheiten, wie Mitgliedern verschiedener Adelsfamilien. Grundsätzlich gilt, dass eine Person dann Informationen über sich zulassen muss, wenn diese rechtmäßig („légitime") und nützlich („utile") ist[232].

Zwar haben auch bekannte Person, wie Schauspieler, Sportler und Politiker ein Recht auf Respekt ihrer Privatsphäre[233], doch ist die Rechtmäßigkeit von Informationen über sie im Ergebnis unter anderem abhängig vom ihrem Bekanntheitsgrad. Mehr als andere müssen daher Politiker Veröffentlichungen aus ihrem Privatleben dulden[234], wobei sich allerdings die Grenzen des Angemessenen nach der jeweiligen Funktion des Betroffenen im politischen Leben richten[235]. Rechtmäßig sind daher alle Informationen aus seinem Privatleben, die über die berufliche Einstellung und Ausübung Auskunft geben können[236].

Film- und Sportbekanntheiten müssen ebenfalls Veröffentlichungen aus ihrem Privatleben im Ergebnis hinnehmen, auch wenn ihnen grundsätzlich derselbe Persönlichkeitsschutz gewährt wird wie allen anderen[237]. Die Begründung hiefür kommt der sehr nahe, die im deutschen Recht für die „relativen Personen der Zeitgeschichte" gegeben wurde: Diese Personen suchen die Öffentlichkeit und damit die Bekanntheit, wohl wissend, dass die Menschen in einer mediatisierten Gesellschaft Vorbilder erhoffen, die sie gerade in diesen Berühmtheiten zu finden

---

tribunaux de fixer dans chaque cas"; Lindon/Amson, D. 1986, som., 445 (445): „La protection de l'intimité de la vie privée et celle du droit à l'image s'apprécient différemment selon qu'elles concernent une personne sans notoriété publique ou, au contraire, une personne dont le nom, la photographie et les détails de la vie professionnelle font souvent l'objet d'écho dans la presse".

232 Saint-Pau, D. 1999, jur., 541 (542); Bigot, D. 1998, 235 (236).

233 TGI Paris, JCP 1997, II, 22845.

234 Ravans, protection, RNr. 143, S. 160: „Le public est en droit de connaître tout ce qui, chez l'homme politique, est susceptible d'exercer une influence légitime sur la confiance ou la méfiance dont il fait l'objet"; Kayser, protection, RNr. 153, S. 290: „Leurs électeurs doivent pouvoir connaître ce qui, dans leur vie privée, est susceptible d'être préjudiciable à l'exercice de leurs fonctions".

235 Lindon JCP 1965, I, 1887, RNr. 3; ders., D. 1974, jur., 698 (698): „Quiconque est, à l'occasion d'élections politiques ou professionnelles, élu ou candidat, s'expose à ce que les électeurs veuillent savoir si l'intéressé conforme ou a conformé ses actes à sa profession de foi"; Massis, D. 1997, chron., 291 (291).

236 Ravanas aaO; CA Paris, D. 2001, IR., 2946 (2947): „En effet, dans une société démocratique, l'électeur a droit à un minimum de transparence et doit pouvoir connaître qui sont les véritables dirigeants des partis à qui il confie son bulletin de vote".

237 Agostini, JCP 1987 II, 20904.

meinen. Gerade weil dieses Phänomen der Identitätssuche bekannt ist[238] und Berühmtheiten hiervon auch profitieren, müssen sie eher Veröffentlichungen aus ihrem Privatleben zulassen als der Normalbürger[239].

Jedoch kann auch der Normalbürger in der Ausübung seiner Persönlichkeitsrechte begrenzt werden, wenn er entweder Objekt eines aktuellen Geschehens wurde, sei es als Täter, Opfer oder Zeuge eines besonderen Ereignisses oder einer Naturkatastrophe, aber auch als Teilnehmer einer Demonstration oder einer wie auch immer gearteten öffentlichen Aufführung[240]. Eine Begrenzung der Persönlichkeitsrechtsausübung kann auch daraus herrühren, dass der Betroffene Teilnehmer einer juristischen Auseinandersetzung ist, soweit der Grundsatz der öffentlichen Verhandlung einerseits und einer funktionstüchtigen Justizverwaltung andererseits verlangen, hierüber zu berichten[241].

Allerdings reicht es nicht aus, auf irgendeine Weise in ein aktuelles Zeitgeschehen eingebunden zu sein, um sich in seiner Persönlichkeitsrechtsausübung begrenzt zu sehen. Gerade für Unbekannte, die ein bestimmtes Ereignis erst bekannt macht, wurde die zweite Voraussetzung zur Rechtfertigung von Veröffentlichungen betreffend die Persönlichkeit geschaffen: die Information muss auch nützlich („utile“) sein, um ihre Veröffentlichung zu rechtfertigen.

Ob ein Bericht im Sinne einer tatsächlich „nützlichen“ Information gerechtfertigt ist, richtet sich danach, ob sie für das Verständnis des Ereignisses notwendig, also in direktem Zusammenhang damit steht[242]. Eingriffe in Persönlichkeitsrechte aus rein kommerziellen Gründen sind nicht zu rechtfertigen.

---

238 Bigot prägte hierfür den Begriff der „starisation“, D. 1998, chron. 235 (239).

239 Ravanas, protection, RNr. 147, S. 162: „Ce goût du public pour les vedettes et les artistes est un fait social important que la réalité juridique ne peut pas ignorer“.

240 Ravanas, protection, RNr. 128, S. 146.

241 Drago, JCP 1975, II, 17967 (II).

242 TGI Paris, JCP 1974, II, 17873: „Attendue qu'il n'est pas contesté que le cliché litigieux a été pris dans des conditions de temps et de lieu totalement étrangères aux évènements auxquels s'intéressait l'opinion publique, et après que le journaliste ait exercé une surveillance de plusieurs heures pour saisir à l'improviste l'image de Laborde à la sortie de son domicile; attendue qu'en publiant **une photographie prise dans de telles circonstances,** les défendeurs ont excédé leurs droits d'information et ont porté à ceux du demandeur sur sa propre image une atteinte que ne pouvaient justifier les nécessité de leur profession“; Amson, D. 1988, som 197 (200): „Si les droits de la personnalité peuvent se trouver en conflit avec la liberté de l'information, à l'occasion notamment d'un évènement intéressant l'opinion publique, la divulgation d'un épisode de la vie privée **en dehors de cet évènement** et même à des fins documentaires constitue une agression intolérable.“; CA Paris, Gaz. Pal. 1992, I, som 225 (225): „Si un organe de presse peut, en certains cas, reproduire l'image d'une personne participant à un fait d'actualité sans s'être assuré de l'autorisation de celle-ci, une telle tolérance **est strictement limitée aux**

So unterschied die Cour de Cassation bei einer Titelgeschichte des Paris Match über das Gefühlsleben von Stéphanie von Monaco und deren damaligen Ehemann streng zwischen dem, was als Information des Publikums gelten konnte und den für die Information des Lesers nicht notwendigen Ausführungen[243]. Die Geschichte basierte auf einem Interview, das der damalige Ehemann der Klägerin nach bekannt werden seiner außerehelichen Beziehung zu einer Stripteasetänzerin gab und sie wurde mit mehreren Photographien illustriert, die alle an privaten Orten teilweise mittels Teleobjektiv nach Papparazziart aufgenommen worden waren. Der Prinzessin als Klägerin wurde aufgrund der Unterscheidung zwischen notwendiger und nicht notwendiger Information nur ein Schadenersatz wegen Verletzung der Privatsphäre nach Artikel 9 Cc für die Teile des Artikels zugesprochen, in denen sich das Blatt spekulativ über ihre Gefühle und Reaktionen ausließ. Alle Fakten des Interviews unterlagen dem Recht der Information, so dass der Klage diesbezüglich kein Erfolg beschieden war.

Mangels Nützlichkeit der Information verurteilte das Tribunal de Grande Instance Paris wiederum die Zeitschrift Paris Match wegen eines Artikels, der über aufsehenerregende Kriminalfälle in Frankreichs Vergangenheit berichtete: die Zeitschrift begnügte sich nicht damit, in einem bestimmten Fall Täterin, Opfer und Prozessgeschichte in Erinnerung zu rufen, sondern beschrieb auch die Umstände, unter welchen die damals suchtkranke Täterin heute lebt[244]. Teile der Literatur sahen in diesem Urteil ihre Ansicht bestätigt, dass ein „Anspruch auf Vergessen“[245] bestehe[246].

Dieser Anspruch solle immer dann eine Berichterstattung mit Hinweis auf Artikel 9 Cc verhindern, wenn das Ereignis, durch das die betroffenen Person bekannt wurde oder sich bekannt gemacht habe, einen so langen Zeitraum zurückliege, dass die Berichterstattung nicht mehr durch die Aktualität gerechtfertigt werden könne[247]. Dies solle umso mehr gelten, wenn dabei Einzelheiten aus dem aktuellen Privatleben des Betroffenen preisgegeben werden[248]. Einige

---

nécessité de l'information et au contexte spécifique dans lequel a été réalisée la prise de vue.“ Hervorhebungen vom Verfasser.

243 Cass. civ., arrêt n° 513, Juris-Data n° 2003-018747: “Extrapolation non nécessaires à l'information des lecteurs”.

244 TGI Paris, Gaz. Pal. 1992, II, jur., 347 (349): „Attendu que Paris-Match ne s'est pas borné à seulement décrire la personnalité de Mme L. ainsi que son procès; qu'il est donné, en outre, au lecteur des renseignements concernant sa vie privée actuelle, **sans nécessité pour l'information publique**.“ Hervorhebung vom Verfasser.

245 Droit à L'oubli.

246 Costaz, Gaz. Pal. 1995, II, doct. 961 (962).

247 Ravanas, JCP 1992, II, 21908, RNr. 11.

248 Luccas-Stroetter RNr. 905, S. 651.

Gerichte schlossen sich dieser Meinung an[249] bis die Cour de Cassation dieser Diskussion ein Ende setzte: Ein gerechtfertigter Eingriff in die Privatsphäre könne auch durch Zeitablauf nicht unrechtmäßig werden[250].

4) Verletzungshandlungen im Rahmen von Artikel 9 Cc

Das Recht auf Respektierung der Privatsphäre gemäß Artikel 9 Cc kann durch Veröffentlichungen aus dem Privatleben („révélation") oder durch Einmischung („immixtion") in das Privatleben verletzt werden.

Révélation bedeutet jede Bekanntmachung sei es durch Plakat, öffentliche Ausstellung eines Portraits[251], Veröffentlichungen in einer Zeitung, Zeitschrift, Internetseite[252], einem Buch, Film oder einem Computerspiel[253]. Auch die rein mündliche Weitergabe privater Informationen Dritter zählt als „révélation". So verletzt der Arbeitgeber das Recht auf Privatlebensrespekt seines Angestellten, wenn er unbefugt persönliche Daten wie dessen Wohnadresse an Dritte weitergibt[254]. Ebenso verhält es sich mit dem Vermieter, der dem Arbeitgeber seines Mieters dessen Mietrückstände mitteilt[255].

Eine Einmischung („immixtion") in das Privatleben liegt immer dann vor, wenn in die Freiheit des Einzelnen eingegriffen wird: Der Vermieter, der seinem Mieter die Aufnahme seiner Eltern in seine Wohnung verweigert, der Arbeitgeber, der seinem Arbeitnehmer aufgrund seiner Religionszugehörigkeit, einer Scheidung, Abtreibung oder Zugehörigkeit einer Sekte kündigt[256], sind Beispiele dafür. Aber auch die Recherche im Familienleben oder anderen persönlichen Le-

---

249 CA Versailles, Gaz. Pal. 1990, I, som 123 (123): „Un évènement public, parl'écoulement d'un temps suffisamment long, peut redevenir, pour la personne qui en a été le protagoniste, un fait de la vie privée, rendu au secret à l'oubli."; vgl. auch TGI Paris, D. 1988, som 198 (198) mit Anmerkung Amson; TGI Paris, JCP 1985, II, 20434, mit Anmerkung Lindon; CA Paris, Gaz. Pal. 1984, II, som. 370 (370); TGI Paris, D. 1988, som. 199 (199), mit Anmerkung Amson.

250 Cass civ., JCP 1992, II, 21908, in diesem Fall wurden nur schon bekannte Informationen aus dem Privatleben erneut veröffentlicht.

251 CA Paris, D. 1985, IR, 324 (324).

252 Olivier, JCP 1999, II, 10101 (Nr. 1).

253 Cass civ, Gaz Pal 1988, II, pan. jur. 192 (192).

254 CA Paris, JCP 1976, IV, 176 (176).

255 Cass civ, JCP 1978, II, 18989, in dem Fall ging es um strittige und daher nicht bezahlte Nebenkosten.

256 Ravanas, JC civ. Art. 9, fasc. 10, Rnr. 70.

bensumständen, mit dem Ziel Geheimnisse anderer offen zulegen gilt als Einmischung[257].

Daher ist der Unterschied zwischen beiden Verwirklichungsarten fließend: Die reine Recherche in Familienangelegenheiten zählt als „immixtion", die Veröffentlichung der dabei gefundenen Gegebenheiten als „révélation". Beiden gemein ist, dass zur Schadenberechnung der Grad der Verwerflichkeit der Verletzungshandlung einfließt[258].

5) Anwendung auf die beiden Fälle „Non Lieu" und „Le grand secret"

An Art 9 Cc ist auffällig, dass Absatz 2 dieser Norm den Schutz der Intimsphäre hervorhebt, während Absatz 1 nur das Recht auf Respekt vor der Privatsphäre normiert[259]. Der hieraus resultierende Streit zwischen Teilen der Literatur und Rechtsprechung, ob die Absätze verschiedene Schutzbereiche beschreiben und sich somit die Rechtsfolgen des Absatzes 2 nur auf Eingriffe in die Intimsphäre beziehen, wirkt sich vor allen Dingen auf das Verhältnis zwischen Artikel 9 Cc und Artikel 1382 Cc aus. Das Problem soll dort besprochen werden.

Eine Verletzung der Privatsphäre nach Artikel 9 Cc liegt vor, wenn in das Privatleben eingedrungen[260] oder unbefugt über das Privatleben einer Person berichtet wird[261].

Hinsichtlich der Hinterbliebenen François Mitterands stellt sich diese Frage nicht: Mit der Beschreibung, wie die Familienangehörigen mit der Krankheit des Präsidenten umgingen und darunter litten, diese vor der Öffentlichkeit und dem Freundeskreis verheimlichen zu müssen, wurden zutiefst private Belange an die Öffentlichkeit gezerrt, in das Privatleben der Familie also eingegriffen. Allerdings hatten ihnen die Untergerichte zusätzlich ein eigenes Klagerecht wegen

257 Nerson, RTD civ 1972, 756 (761).

258 Vgl. Lindon/Amson, D. 1987, somm, 136 (137) die TGI Paris vom 08.01.1986 wie folgt zitieren: "La société éditrice de journal publiant les photographies d'une personnalité et de son fils, prisées dans une piscine privée, au moyen d'un puissant téléobjectif, ne saurait minimiser le préjudice de cette personne, même publique, harcelée par des photographes qui utilisent des procédés de plus en plus perfectionnés pour surprendre ceux qui tentent de protéger leur image".

259 „(1) Chacun a un droit au respect de sa vie privée.
(2) Les juges peuvent, sans préjudice de la réparation du dommage subi, prescrire toute mesure, telle que séquestre, saisie et autres, propres à empêcher ou faire cesser une atteinte à **l'intimité de la vie privée**; ces mesures peuvent, s'il y a urgence, être ordonnées en référé." Hervorhebung vom Verfasser.

260 Pradel, D. 1971, chronique XVIII, 111 (113); Lindon, JCP 1970, I, 2357, II, Rnr. 7.

261 Berchon, JC civ. 1990, 133-1, B, 2°, Rnr. 49.

Verletzung des Rechts auf Respekt vor dem Privatleben von François Mitterand zugestanden.

Es stellt sich die Frage, ob die Eltern der Brigitte Dewevre unter Berufung auf Verletzung der „vie privée“ ihrer Tochter die Rechtsfolgen verlangen können, die aus Artikel 9 II Cc resultieren: Die Beschlagnahme – hier des Buches –, die Pfändung und andere Maßnahmen, die geeignet sind, die Verletzung zu verhindern oder zu beenden. Hier könnte ein Eindringen in die Privatsphäre der Brigitte Dewevre vorliegen, denn eine Berechtigung Pierre Desgraupes' über ihr Intimleben zu berichten, ist nicht ersichtlich. Allein, es müsste sich auch hier entweder ein „dommage direct“ der Hinterbliebenen[262] ergeben oder es müsste sich herausstellen, dass die Privatsphäre der Verstorbenen einzig mit dem Ziel verletzt wurde, indirekt den Ruf der Hinterbliebenen zu tangieren[263], was vorsätzliches Handeln voraussetzt. Die Veröffentlichung des Romans und die dort beschriebene Form von Sexualität des Mädchens mögen zwar geeignet sein, die Intimsphäre von Brigitte Dewevre zu verletzen, eine Verletzung der elterlichen Privatsphäre lässt sich jedoch aus der Verletzung der Intimsphäre der Tochter nicht begründen. Hierfür fehlt es, wie schon die Cour d'appel festgestellt hatte, an einem „dommage direct“ der Eltern.

Gegen die Veröffentlichung des Romans hätte sich demnach nur Brigitte Dewevre persönlich unter Berufung auf „diffamation“ oder Verletzung der Privatsphäre („atteinte à la vie privée“) wehren können. Deshalb stellt sich die Frage nach dem postmortalen Persönlichkeitsschutz in Frankreich, die sich insbesondere auch wegen der Unterschiede zu den Urteilen im Fall „Le grand secret“ ergibt.

6) Der postmortale Persönlichkeitsschutz in Frankreich

Die Persönlichkeitsrechte zählen auch in Frankreich zu den höchstpersönlichen Rechten[264], so dass zu fragen ist, ob diese auch nach dem Tode des Rechtsinhabers Wirkung für die Hinterbliebenen haben. Die Frage ist bis heute sowohl innerhalb der Literatur als auch zwischen Rechtsprechung und Lehre hoch umstritten, wie ja auch die Entscheidungen hinsichtlich „Le grand secret“ zeigen.

---

262 Bormann, 2. Kap., § 5, S. 115.
263 Berchon, JC civ. 1990, 133-1, B, 1° Rnr. 36.
264 Chabas, Rnr. 796, S. 929.

a) Ansichten in der Literatur

Die derzeit noch herrschende Meinung in der Literatur gesteht den Erben zu, aus eigenem Recht gegen Persönlichkeitsverletzungen eines Verstorbenen vorzugehen, ohne dass allerdings die dogmatische Grundlage eines solchen Rechts restlos geklärt wäre[265].

Einige Autoren sprechen sich für die Übertragbarkeit von Persönlichkeitsrechten von Todes wegen aus, betonen aber, dass dies nicht nach erbrechtlichen Regeln geschieht. Nach dieser Ansicht, die vor allen Dingen im Rahmen des Rechts am eigenen Bild und auf Respekt vor der Privatsphäre nach Artikel 9 Cc angeführt wird, geht das Recht, Persönlichkeitsrechtsverletzungen zu Lasten des Verstorbenen einzuklagen, auf die Erben des Verstorbenen über[266]. Hierbei erfährt das Klagerecht nach Teilen dieser Ansicht eine Verwandlung vom Exklusivrecht des Lebenden zum reinen Interventionsrecht für den Verstorbenen[267].

Das Recht sich gegen Verletzungen der Persönlichkeit eines Verstorbenen zu wehren, beruht nach anderer Ansicht in der Literatur nicht auf einer tatsächlichen Übertragung von Persönlichkeitsrechten, sondern auf einer Art Repräsentation des Verstorbenen durch die klageberechtigten Nächsten. Nach dieser Ansicht handelt der Nachkomme nicht als Erbe im engeren Sinne, sondern vielmehr als Vertreter, vergleichbar mit Eltern, die ihre Kindes vertreten. Daher kann von einer Nachfolge keine Rede sein, sondern dieses Interventionsrecht stellt sich vielmehr als Repräsentation des Verstorbenen, als Weiterbestehen seiner Person im Klageberechtigten dar[268]. Allerdings wird auch festgehalten, dass das Interesse des Erben, gegen die Persönlichkeitsverletzung des Verstorbenen vorzugehen, meist nur schwer von dem des Verstorbenen selbst zu trennen ist, so dass die Unterscheidung beider Positionen gewöhnlich nur schwer möglich ist, ja sogar rein theoretischer Natur zu sein scheine[269].

Wieder andere Autoren gestehen dem Erben ein Recht zur Verteidigung von Persönlichkeitsrechtsverletzungen gegenüber dem Verstorbenen zu, ohne überhaupt eine dogmatische Grundlage dieses Klagerechts anzugeben. So wird an-

---

265 Lindon, D. 1983, J, 249 (250).

266 Stoufflet, JCP 1957, I, 1374, N° 16; Badinter, JCP 1968, I, 2136, N° 21; Edelman, D. 1970, chron. 119 (119), diese Theorie wird im Folgenden "Theorie vom Persönlichkeitsrecht ohne Subjekt" genannt.

267 Lamoureux/Pochon, Gaz. Pal. 1984, 2, jurisp. 530 (531): „Le droit à l'image est donc un droit exclusif du vivant de l'intéressé pour ne devenir qu'un droit défensif après sa mort, les héritiers ne pouvant agir que contre l'utilisation qui serait faite de l'image dans des conditions attentatoires à la mémoire du défunt".

268 Ravannas, D. 1996, II, jur., 175 (176), diese Theorie wird im Folgenden "Theorie von Repräsentation des Verstorbenen" genannt.

269 Ravannas, protection, RNr. 402, S. 451.

genommen, „die Nächsten des Verstorbenen seien weniger Erben eines solchen Rechtes als Verfügende über die letzten Interessen des Verstorbenen“[270]. Dieses Verfügungsrecht sei keinesfalls mit der erbrechtlichen Übertragung von Vermögensrechten zu verwechseln, sondern eine Art moralisches Erbe[271]. Dieses scheint in die Richtung der Theorie von der Repräsentation des Verstobenen zu weisen, ohne dass darauf Bezug genommen würde.

Schon Anfang des letzten Jahrhunderts wurde jedoch die Ansicht vertreten, Persönlichkeitsrechte stürben mit ihrem Inhaber. Den Hinterbliebenen verbliebe allerdings ein Klagerecht aus affektivem Interesse[272] – dem Gedanken des Andenkensschutz im deutschen Recht vergleichbar. Diese Ansicht erlebte in neuerer Zeit eine Renaissance für das Recht am eigenen Bild[273], nicht jedoch für das Recht auf Respekt vor dem Privatleben[274], wird aber heute für alle Persönlichkeitsrechte vertreten[275]. Denn die Hinterbliebenen handeln im eigenen Namen, um den Schaden geltend zu machen, der ihnen aus der Bekanntmachung des Privatlebens ihres Verstorbenen erwuchs[276]. Diese Ansicht fand in den siebziger

270 Lombois, RNr. 385, S. 189: „Les proches ... sont, non point les héritiers d'un droit viager, mais les dispositaires ... des intérêts ultimes de la personne“.

271 Kayser, RTD civ 1971, 445 (497); Calais, D. 1985, chronique, 73 (75); vgl. auch Goubeaux, RNr. 288, S. 260: „Si certains droits de la personne peuvent être exercés, après la mort de leur titulaire initial, par les héritiers de celui-ci, il est difficile de savoir s'il s'agit d'une véritable transmission ou si ce sont des droits nouveaux que se créent sur la tête des héritiers En tout cas cette dévolution successorale, si elle a lieu, ne se confond pas avec la transmission du patrimoine du défunt: c'est un héritage moral“ auquel la plupart des règles ordinaires des successions sont inapplicable”, diese Theorie wird in Folgenden “Theorie von der verlängerten juristischen Kapazität” genannt.

272 Fougerol, S. 135: „Le droit à son image est intransmissible, il reste attaché à la personne et ne leur survit pas. Les parents de défunt, qui ne sont pas nécessairement les héritiers les plus proches ont, de leur chef, un droit fondé sur **l'intérêt d'affection**, leur permettant de s'opposer à la reproduction et à la publication du portrait de leur auteur“; Hervorhebung durch den Verfasser.

273 Kayser, image, S,. 84.

274 Kayser, RTD civ 1971, 445 -509 (498).

275 Kayser, protection, RNr. 183, S. 345: „L'exercice du droit au respect de la vie privée impliquant l'appréciation d'un intérêt moral qui ne peut être faite que par le titulaire du droit, ce droit être considéré comme attaché à sa personne et intransmissible à sa mort à ses ayants-cause“.

276 Kayser, aaO RNr. 165, S.313.

Jahren weitere Anhänger[277], erlebt in neuester Zeit einen Aufschwung und wird in den meisten neueren Veröffentlichungen vertreten[278].

Die französische Lehre stellt sich somit uneinheitlich dar: Die Anfang des zwanzigsten Jahrhunderts vorherrschende Lehre von der Unübertragbarkeit von Persönlichkeitsrechten musste der von deren Übertragbarkeit weichen. Allerdings herrscht innerhalb dieser Ansicht Uneinigkeit darüber, ob sich die Hinterbliebenen im eigenen Namen gegen Persönlichkeitsrechtsverletzungen zu Lasten des Verstobenen als Erben, Rechtsfortführer oder Repräsentanten desselben wehren können. Diese Uneinigkeit über die Rechtstellung der Hinterbliebenen scheint dazu zu führen, dass die neuere Ansicht im Begriff ist, der älteren zu weichen.

b) Ansichten innerhalb der Rechtsprechung

Die Rechtsprechung hingegen betonte von der Klage der Angehörigen der Schauspielerin Rachel[279] gegen die Veröffentlichung ihrer Photographie auf dem Totenbett bis zur Klage der Hinterbliebenen von Jean Gabin wegen desselben Sachverhaltes immer die Notwendigkeit des Persönlichkeitsschutzes auch über den Tod hinaus[280], selbst wenn die Persönlichkeit mit dem Tod ihr Ende findet[281].

Im Fall Rachel war noch keine Rede davon, dass Persönlichkeitsrechte der Verstorbenen in der Person des Hinterbliebenen fortbestehen, während knapp hundert Jahre später im Fall Gabin das Tribunal de Grande Instance Paris festhielt, dass das Recht auf Respekt vor der Privatsphäre sich eben über den Tod hinaus erstrecke[282]. Daher stelle die Veröffentlichung der Photographie des Ver-

---

277 Mezghani, S. 356; Ferrer, JCP 1977, II, 19711, I), B); Contamine-Raynaud, RNr. 28, S. 440.

278 Beigner, S. 238; CA Paris, D. 1998, 225 (226); Loiseau, RNr. 146, S. 163; Luciani, RNr. 194, S. 195.

279 Trib. Civ. Seine, D. 1858, III, 62 (62): „Attendu que nul ne peut, sans le consentement formel de la famille, reproduire et livrer à la publicité les traits d'une personne sur son lit de mort (...) le droit de s'opposer à cette reproduction est absolu, il a son principe dans le respect que commande la douleur des familles et ne saurait être méconnu sans froisser les sentiments les plus intimes et les plus respectables de la nature et de la piété domestique".

280 Kayser, RTD civ 1971, 445 (497); Calais, D. 1985, chronique, 73 (75).

281 Kayser, RTD civ 1971, 445 (497).

282 TGI Paris réf, JCP 1977, II, 18711: Le droit au respect de la vie privée s'étend par-delà la mort à celui de la dépouille mortelle"; ebenso CA Paris, RIDA 01.1979, N° 99, S.163: „La mort ne saurait avoir pour effet de faire tomber la vie privée d'un défunt dans le domaine public"; vgl. auch Lindon, D. 1983, jur., 249 (250).

storbenen auf seinem Totenbett sowohl einen Angriff auf die Rechte der Familie über das Bild von Jean Gabin als auch eine nicht zu rechtfertigende Einmischung in die Intimität des Verstorbenen und seiner Familie selbst dar[283]. Hier wird also von einer wirklichen Übertragung von Persönlichkeitsrechten von Todes wegen ausgegangen.

1982 klagten die Schwester und die Tochter von Maria Callas gegen die Veröffentlichung von Gesangsstücken, die die Callas im Ausklang ihrer Kariere gesungen hatte, um ihre Stimme zu testen[284]. Die Künstlerin wusste zwar, dass diese Übungen aufgenommen worden waren, wollte aber nicht ihre Veröffentlichung.

Das Gericht ließ die Klage mit der Begründung zu, dass aufgrund der Solidarität unter Blutsverwandten die Familienangehörigen durch den Eingriff in das Privatleben der Verstorbenen einen zumindest immateriellen Schaden erleiden. Daher sei den Erben als über den Willen des Verstobenen Verfügende ein legitimes Interesse zuzugestehen, gegen die Persönlichkeitsverletzung anzugehen[285]. Hier scheint das Gericht die Theorie von der verlängerten juristischen Kapazität anzuwenden, stellt dann aber auf den durch die Veröffentlichung der Aufnahmen entstandenen immateriellen Schaden der Hinterbliebenen ab.

Das Klagerecht fußt hier demnach nicht mehr auf einer wie auch immer gearteten Übertragung von Persönlichkeitsrechten, sondern auf dem immateriellen Schaden, den die Hinterbliebenen unmittelbar durch die Persönlichkeitsrechtsverletzung zu Lasten des Verstorbenen erlitten haben, somit auf Artikel 1382 Cc. Der Privatlebenschutz des Verstorbenen beruht also auf dem Gedanken des Andenkenschutzes[286].

Diese Rechtsprechung wird in den zu besprechenden Entscheidungen zu „Non Lieu“ von der Cour de Cassation bestätigt, ist aber nicht ohne Gegenstimmen in der Literatur geblieben. So war bis zu einem Urteil der Cour d'appel Paris vom 3. 11. 1982[287] anerkannt, dass unter den Begriff der „vie privée“ nicht nur die persönliche Privatsphäre („vie privée personnelle“) sondern auch die familiäre Privatsphäre („vie privée familiale“) falle. Daher konnte sich zum Beispiel ein Ehemann gegen eine Verletzung der Privatsphäre seiner Frau unter Berufung auf eine „atteinte à la vie privée familiale“ zur Wehr setzen[288]. Somit wird der Kreis

---

283 TGI Paris aaO.
284 TGI Paris, D. 1983, 147 (147).
285 TGI Paris, aaO., mit Anmerkung Lindon: Den Klägern wurde ein symbolischer Franc als Schadenersatz zu gesprochen, TGI Paris, JCP 1983, II, 19955.
286 Hauser, RTD civ. 2000, 289 (292).
287 Cour d'appel de Paris, D. 1983, 248 (248-249).
288 TGI Marseille, D. 1975, 643 (643); Lindon, D. 1983, J, 249 (249) mwN.

der Klageberechtigten auf die Familie erweitert[289], die nicht gleichbedeutend mit den Erben sein muss[290].

Nachdem sich im Folgendem diese Rechtsprechung gefestigt hatte[291], klagten die Kinder von Henri Matisse allein unter Berufung auf Artikel 9 Cc gegen die Veröffentlichung der ebenso schonungslosen wie detaillierten Darstellung der letzten, von Krankheit gezeichneten Lebensjahre des Künstlers. Die Klage wurde mit der Begründung abgewiesen, dass Artikel 9 Cc zwar das Recht gibt, sich gegen jede Form der Veröffentlichung seines Privatlebens zu wehren, dieses Recht aber nur Lebenden zustehe. Die Hinterbliebenen könnten sich somit entweder auf das strafrechtlich ausgestaltete Pressegesetz, oder im Rahmen des Artikel 1382 Cc auf den Andenkensschutz berufen[292]. Diese Lösung setzte sich im Folgenden durch[293].

Mit der Veröffentlichung von „Le grand secret" durch den behandelnden Arzt François Mitterands wenige Tage nach dessen Tod lebte die Debatte um die Übertragung von Persönlichkeitsrechten wieder auf: Die Hinterbliebenen wehrten sich gegen die Veröffentlichung, weil sie neben Photographien des verstorbenen Präsidenten auch eine detaillierte Beschreibung des Krankheitsverlaufes enthielt, über den der Präsident nicht nur geschwiegen, sondern die Öffentlichkeit sogar

---

289 Berchon, JC civ. 1990, 133-1, 1°, a, Rnr. 36; Edelmann, D. 1971, J, 263 (265); Ferid/Sonnenberger, 2 O 64, S. 457.

290 Edelmann, D. 1971, jurisp, 263 (265); Ferid/Sonnenberger, 1 D 242.

291 Lucas-.Schloetter RNr. 663, S. 480.

292 CA Paris, D. 1983 jurisp, 248 (248): "Si l'art. 9 c. civ. Confère à chacun le droit d'interdire toute sorte de divulgation de sa vie privée, **cette faculté n'appartient qu'aux vivants**, les héritiers d'une personne décédée sont uniquement fondés à défendre sa mémoire contre l'atteinte que lui porte la relation de ce fait erroné, ou déformé, publié de mauvaise foi, avec une légèreté excessive; que les dispositions de l'art. 9 c. civ., comme celles de la loi du 29 juill. 1881, cessent dès lors de limiter la liberté d'information et d'expression de l'historien et du critique, qui peuvent seulement engager leur responsabilité dans les termes du droit commun, s'ils viennent à manquer au respect qu'ils doivent à la vérité"; Hervorhebung durch den Verfasser.

293 Vgl. auch: TGI Strasbourg réf., D. 1989, som 357 (357); CA Paris, JCP 1992, IV, 2345; CA Paris, Legipresse 1994, n° 114, II, S. 132 (132); TGI Paris réf., RIDA 01.1996, n° 167, S. 291 (291): „Le droit à l'image revêt, sous son aspect moral, **un caractère strictement personnel à son titulaire, s'éteignant avec lui** et protégeable au titre de l'article 9 Cc."; CA Paris, D. 1997, jurisprudence 597 (597): „Considérant, que la protection résultant des dispositions de l'article 9 Cc présente un caractère et vise les seules atteintes subies personnellement par le titulaire du droit concerné; qu'il résulte que le droit au respect de la vie privée **n'appartient qu'aux vivants** et qu'il est intransmissible aux héritiers"; Hervorhebung durch den Verfasser.

getäuscht hatte[294]. Auch beschrieb der Autor, wie die Angehörigen Francois Mitterands mit seiner Krankheit umgingen.

Das Tribunal de Grand Instance Paris hielt im Verfahren des einstweiligen Rechtsschutzes fest, dass der Schutz des Privatlebens eines Verstorbenen sich dann auch auf die Nachkommen erstreckt, wenn diese selbst gleichzeitig eine Verletzung des Rechts auf Respektierung ihres Familienprivatlebens geltend machen können[295]. Sodann stellte das Gericht fest, dass die Enthüllungen in diesem Buch eine extrem schwere Einmischung in das Familienprivatleben des ehemaligen Präsidenten sowie in das seiner Ehefrau und Kinder darstellen[296].

In dieser Entscheidung wird nicht einwandfrei deutlich, worauf sich das Klagerecht der Angehörigen Mitterands gründet, denn die Formulierung „lorsque ceux-ci sont fondé à invoquer leur vie privée familiale“ ist stark interpretierbar: Erstreckt sich der Privatlebensschutz des Verstorbenen schon dann auf das Privatleben der Angehörigen, wenn diese dadurch einen Schaden erleiden, dass das Andenken an den Verstorbenen verletzt wird? Oder müssen sie durch dieselbe Handlung ebenso in ihrem eigenen Privatleben betroffen sein, wie der Verstorbene selbst? Ist Anknüpfungspunkt also der erlittene Schaden, eine Ausdehnung des Privatlebensschutzes unter bestimmten Vorraussetzungen oder gar die Übertragung des Privatlebensschutzes von Todes wegen? Die gewählte Formulierung lässt den Schluss zu, der Schutz des Privatlebens ende nicht mit dem Tode des Inhabers.

Jede der Interpretationen sollte in den Urteilen der Folgegerichte anklingen: Die als nächste Instanz angerufene Cour d'appel de Paris argumentierte, dass Witwe und Kinder durch die Enthüllungen, die sowohl das Privatleben des Verstorbenen als auch das der Kläger verletzen, in ihren tiefsten Gefühlen betroffen seien[297], stellt also überwiegend auf die Verletzung des klägerischen Privatlebens ab. Die daraufhin angerufene Cour de Cassation betont, dass die Kläger ein legitimes Interesse hätten, die Unannehmlichkeiten zu beenden, die ihnen diese offensichtlich rechtswidrige Handlung bereitete[298], so dass Schwerpunkt hier der selbst erlittene klägerische Schaden ist.

Im Hauptsacheverfahren war das Tribunal de Grand Instance Paris nicht bereit, sich über eine wie auch immer geartete Übertragbarkeit von Persönlichkeits-

---

294 Angostini, D. 1996, chr. 58 (58); Massis, Thierry, D. 1997, chr. 291 (291).

295 TGI Paris réf, D. 1996, IR, 96 (96): „... s'étend à celle de ses proches lorsque ceux-ci sont fondés à invoquer le droit au respect de leur vie privée familiale“.

296 TGI Paris, aaO.

297 CA Paris, D. 1996, IR, 102 (102).

298 Cass. civ, JCP 1997, II, jur., 22894, der sich in dieser Entscheidung allein auf die Verletzung der ärztlichen Schweigepflicht beruft, um das Verbot der Auslieferung des Buches zu rechtfertigen.

rechten auszulassen. Ein solcher Diskurs sei unnötig, da die Anspruchsgrundlage der Kläger sowohl in der Verletzung der ärztlichen Schweigepflicht als auch in der Verletzung ihrer tiefen Gefühle und damit ihres Privatlebens begründet sei[299]. Damit unterlegte das Gericht das gefundene Ergebnis mit einer neuen Begründung, war doch von der Verletzung von Berufpflichten im Verfahren des einstweiligen Rechtschutzes keine Rede.

Die Cour d'appel kommt im Hauptsacheverfahren zum selben Ergebnis, äußert sich aber expressis verbis zur Übertragbarkeit von Persönlichkeitsrechten von Todes wegen, in dem sie festhält, dass das Recht auf Respektierung des Privatlebens nur Lebenden zustehe. Da sich die Angehörigen nicht auf eine Verletzung des Andenkens an François Mitterand durch böswillige oder leichtfertige Veröffentlichung verzerrter Tatsachen berufen, war die Klage zu diesem Teil unbegründet[300]. Hier prüft die Cour d'appel, ob sich die Kläger auf das Pressegesetz von 1881 stützen können und verneint dieses. Allerdings sah das Gericht in manchen Passagen des Buches eine Verletzung des Rechts auf Respektierung des Privatlebens der Kläger selbst und verurteilte Autor und Verleger des Buches auf Grundlage des Artikel 9 I Cc zu derselben Summe Schadenersatz, auf die schon die Vorinstanz erkannt hatte[301].

Die Lösung, dass sich auf die Respektierung seines Privatlebens nur der Lebende berufen kann, wurde von der Cour de Cassation im Hauptsacheverfahren bestätigt[302].

Im Fall Mitterand vollzieht sich also erneut ein Teil der Rechtsprechungsentwicklung zur Aktivlegitimation von Hinterbliebenen gegenüber Verletzungen des Rechts auf Respektierung des Privatlebens verstorbener Angehöriger: Von einem nicht näher bestimmten Weiterwirken des Klagerechts in der Person des Hinterbliebenen als dessen Rechtsverfügender[303] bis hin zu der Erkenntnis, dass allein der Lebende sich auf den Respekt vor seinem Privatleben berufen kann und dieser Schutz mit dem Tod endet. Folge ist, dass sich die Hinterbliebenen nur im Rahmen des Deliktsrechts auf den selbst erlittenen Schaden berufen können oder auf die selbst erlittene Verletzung ihres Rechts auf Privatlebenrespekt[304].

---

299 TGI Paris, JCP 1997, II, 22844, mit Anmerkung Derieux: „Attendu qu'est inopérante la discussion instaurée par les défendeurs quant à l'impossibilité, pour les ayants cause d'une personne décédée, d'agir en justice pour défendre la vie privée de leur auteur contre les atteintes dont elle fait l'objet".

300 CA Paris, JCP 1996, II, jur., 22632 mit Anmerkung Derieux.

301 Dupeux, Massis, Bigot D. 1998, som. 79 (85).

302 Cass civ., JCP 2000, II, 10241, mit Anmerkung Petit.

303 TGI Paris rèf, D. 1996, IR, 96 (96).

304 Petit, JCP 2000, II, jur., 10241.

Es bleibt festzuhalten, dass das französische Deliktsrecht in punkto postmortalem Privatlebensschutz unbestimmt ist, was auch französische Rechtsgelehrte nicht verhehlen[305]. Während die wohl noch überwiegende Lehrmeinung den Angehörigen das Recht zugesteht, gegen Verletzungen der Respektierung des Privatlebens gegenüber dem Verstorbenen im eigenem Namen als Erben, Weiterführende oder Vertreter vorzugehen, spricht die Rechtsprechung den Klägern genau dieses Recht ab und begrenzt den Schutz des Privatlebens nach Artikel 9 Cc auf Lebende.

c) Diskussion zur Übertragbarkeit von Persönlichkeitsrechten

Unter den verschiedenen Ansichten zum postmortalen Persönlichkeitsschutz entzündet sich der Streit an zwei Punkten: Einerseits sind die Persönlichkeitsrechte nicht Vermögen im Sinne des Erbrechts, andererseits muss die Rechtsordnung auch dem Verstorbenen einen gewissen Schutz seiner Interessen bieten, also zumindest einen Andenkensschutz garantieren. Fraglich ist, mit welcher juristischen Konstruktion dieses Ziel erreicht wird.

Die Ansichten, die entwickelt wurden, um die Nichtübertragbarkeit von Persönlichkeitsrechten zu umgehen, was ja ein Aspekt ihres subjektiven Charakters ist, erscheinen wenig überzeugend, gleichgültig ob es sich nun um die These von der verlängerten juristischen Kapazität des Verstorbenen, oder um die These vom Persönlichkeitsrecht ohne Subjekt oder schließlich um die von der Repräsentation des Verstorbenen durch die Person seiner Erben handelt.

Die beiden ersten Thesen sind dem französischem Recht völlig fremd. Was die Lehre von der Repräsentation des Verstorbenen durch seine Erben betrifft, so hat sie ein logisches Problem: Die Vertretung setzt einen Vertretenen voraus. Ob dieses Repräsentationsverhältnis nun als Mandat oder eine andere Art der Vertretung angesehen wird, immer besteht der Sinn eines solchen Vertretungsverhältnisses darin, einer lebenden Person, die sich selbst nicht äußern kann, zu ihrem Recht zu verhelfen. Ein Verstorbener existiert nicht nur in juristischer Hinsicht nicht mehr, er ist tatsächlich nicht mehr vorhanden, er nimmt nicht mehr am sozialen Leben teil, muss nicht mehr gegen Angriffe Dritter auf seine Individualität geschützt werden. Ein Toter hat nämlich Anspruch auf Frieden im Sinne des Andenkensschutzes, der sich vom Schutz der Persönlichkeit Lebender unterscheidet[306]. Es ist unlogisch von einem Privatleben eines Verstorbenen zu sprechen, denn nicht sein Privatleben, sondern das Andenken an seine Persönlichkeit

305 Lucas-Schloetter, RNr. 668, S. 489.
306 Beignier, JCP 1997, II, 22888, (II, B).

soll geschützt werden. Dieses Andenken aber gehört notwendigerweise zum Bereich der Lebenden.

Somit hat die Aktivlegitimation der Hinterbliebenen für Persönlichkeitsverletzungen eines Verstorbenen ihre Grundlage nicht in dessen Persönlichkeitsrecht, sondern im Schutz seines Andenkens, das er zu seinen Lebzeiten nicht verteidigen konnte. Wehrt sich also ein Hinterbliebener gegen die Veröffentlichung einer Photographie eines Leichnams, so kann hierin nicht die Ausübung des Rechts am eigenen Bild des Verstorbenen liegen. Gleiches gilt für die Verteidigung des Andenkens an einen Verstorbenen: Hier handelt es sich sicherlich nicht um das Fortbestehen seines Ehrenschutzes, weil dieser Begriff an eine lebende Person anknüpft, nämlich an ihr subjektives Gefühl von moralischem Wert. Es handelt sich vielmehr um ein Recht, das erst mit dem Tod entsteht und für die Hinterbliebenen gilt und dem Verstorbenen zu Lebzeiten nie zustand[307].

Das Recht gegen postmortale Persönlichkeitsverletzungen vorgehen zu können, das den Hinterbliebenen zugestanden wird, zielt somit entweder auf den Schutz ihrer eigenen Gefühle, ihrer eigenen Persönlichkeitsrechte, oder auf den Schutz des Andenkens an den Verstorbenen, nicht aber auf den Schutz von Persönlichkeitsrechten des Verstorbenen selbst.

Was das Recht am eigenen Bild oder den Schutz des Privatlebens betrifft, so wird man zwei Fälle unterscheiden müssen:

Entweder die Veröffentlichung des Bildes oder die von Elementen des Privatlebens greift zusätzlich auch in das Recht am eigenen Bild des Hinterbliebenen oder in dessen Recht auf Respekt vor dem Privatleben ein, so kann er sich dagegen aus eigenem Recht wehren, ohne dass es hierfür eine wie auch immer geartete Übertragung des Persönlichkeitsrechts bedarf[308]. Rechtsgrundlage ist dann Artikel 9 Cc.

Oder die Persönlichkeitsverletzung betrifft ausschließlich den Verstorbenen, ohne die Persönlichkeit der Hinterbliebenen zu berühren, dann findet das den Hinterbliebenen zugesprochene Recht seine Grundlage im Respekt, der Verstorbenen gegenüber geschuldet ist, und somit in der Menschenwürde. Rechtsgrundlage ist hier also nicht der Schutz des Persönlichkeitsrechts des Verstorbenen nach Artikel 9 Cc, sondern das Deliktsrecht nach Artikel 1382 Cc. Denn das Interesse der Hinterbliebenen, gegen postmortale Persönlichkeitsverletzun-

307 Beignier, D. 1998, jur., 225 (226).

308 So entschied die Cour d'appel de Paris in erster Instanz in der Sache „Le grand secret" im Hautpsacheverfahren, JCP 1996, II, jur., 22632; vgl. auch CA Paris, D. 1998, 225 (226), mit Anmerkung Beignier: „la publication de cette photographie, au cours de le période de deuil des proches parents de Claude Erignac, constitue, dès lors qu'elle n'a pas reçu l'assentiment de ceux-ci, une profonde atteinte à leur sentiment d'affliction, partant à l'intimité de leur vie privée".

gen anzugehen, resultiert aus der naturrechtlich begründeten Solidarität zwischen Blutsverwandten[309].

Umstritten ist die kommerziellen Nutzung von Persönlichkeitsmerkmalen. Stellt eine solche weder eine Verletzung der Persönlichkeitsrechte des Verstorbenen, seines Andenkens, noch der Gefühle der Hinterbliebenen oder deren Persönlichkeitsrechte dar, so ist sie grundsätzlich frei von Gegenrechten, weil eine zu schützende Rechtsposition nicht mehr existiert[310]. Das Vetorecht gegen Einmischungen in die Persönlichkeit verschwindet mit dem Tod des Rechtsinhabers, so dass sein Name, sein Bild und sein Privatleben dem öffentlichen Bereich zufällt. Fraglich ist jedoch, was mit dem Wert dieser Persönlichkeitsattribute wird:

Teile der Literatur verneinen die Notwendigkeit der Übertragung von vermögenswerten Nutzungsrechten hinsichtlich persönlicher Attribute[311]. Nur der Verstorbene selbst könne zu Lebzeiten Verträge über die Nutzung von Persönlichkeitsmerkmalen schließen und sich gegen eine unautorisierte Verwendung wehren. Da Persönlichkeitsrechte aber nicht übertragbar seien und sie mit dem Tod des Berechtigten enden, könne auch die Berechtigung, einer Nutzung zuzustimmen oder sie abzulehnen, nicht an die Erben übertragen werden. Daher löse die kommerzielle Nutzung von Persönlichkeitsmerkmalen Verstorbener auch ohne Zustimmung der Erben keine Haftung aus. Dies ums mehr, wenn es sich um Berühmtheiten handele, so dass dann die Rechte vor allem des Historikers Vorrang gegenüber den Erben haben müssten[312].

Diese Ansicht vermengt jedoch die Grundlagen des Persönlichkeitsschutzes mit denen des Schutzes gegen rechtswidrige Vermarktung von Persönlichkeitsmerkmalen. Rechtsgrundlage für den Schutz gegen Eingriffe in die Privatsphäre ist Artikel 9 Cc oder, beim postmortalen Persönlichkeitsschutz, Artikel 1382 Cc. Gegen die rechtswidrige Vermarktung von Persönlichkeitsrechten kann man sich entweder auf Grundlage eines verletzten Vertrages oder des Artikel 1382 Cc zum Ausgleich eines erlittenen Schaden wehren, oder man kann sich auf die Grundsätze der ungerechtfertigten Bereicherung berufen. Deswegen tendiert ein Teil der französischen Rechtsprechung dahin zu unterscheiden, zwischen nichtvermögenswertem Teil der Persönlichkeitsrechte, der nicht übertragbar sei, und vermögenswertem Teil, der nach erbrechtlichen Grundsätzen übertragbar sei[313].

---

309 TGI Paris, D. 1983, jur., 147 (147), mit Anmerkung Lindon; JCP 1983, II, jur., 19955, mit Anmerkung Gobin; Amson, D. 1988, somm. 197 (200).

310 Lucas-Schloetter, RNr. 679, S. 497.

311 Lucas-Schloetter, RNr. 680, S. 498.

312 Lucas-Schloetter, RNr. 681, S. 499.

313 TGI Aix-en-Provence, JCP 1989, II, jur., 21329, mit Anmerkung Henderycksen; TGI Paris réf., RIDA 01.1996, Nr. 167, p. 291(291); CA Paris, RIDA 01.1997, Nr. 171, 344(345).

Auch Teile der Literatur folgen dieser Ansicht, sind sich aber uneins, wie diese Rechte übertragen werden[314].

Der Streit um die Übertragbarkeit von Persönlichkeitsrechten hat auch Auswirkungen auf das Verhältnis zwischen Artikel 1382 Cc als allgemeiner deliktischer Haftungsnorm und Artikel 9 Cc.

7) Verhältnis zwischen Artikel 1382 Cc und Artikel 9 Cc.

Das Verhältnis zwischen Artikel 1382 Cc und Artikel 9 Cc ist nicht unumstritten: Stehen die beiden Normen in einem Ausschließlichkeitsverhältnis oder ist Artikel 9 Cc eine spezielle Haftungsnorm, die der Voraussetzungen des Artikel 1382 Cc zusätzlich bedarf?

Der Streit entzündete sich an Artikel 9 II Cc. Auffällig ist, dass Absatz 2 dieser Norm den Schutz der Intimsphäre hervorhebt, während Absatz 1 nur das Recht auf Schutz der Privatsphäre normiert[315]. Hieraus wird von Teilen der Literatur geschlossen, der Schutzbereich des ersten Absatzes reiche weiter als der des zweiten[316].

Dies bedeutet aber auch, dass die in Absatz 2 normierten Rechtsfolgen wie Beschlagnahme, Pfändung und andere Maßnahmen, die geeignet sind, die Verletzung zu verhindern und zu beenden[317], bei einer Verletzung der Privatsphäre nach Artikel 9 I Cc keine Anwendung erfahren und der Betroffene auf die deliktischen Ansprüche nach Artikel 1382 Cc verwiesen wird[318]. Eine Verletzung der Privatsphäre liege dann nach Artikel 1382 Cc, der auf Naturalrestitution gerichtet ist, in Verbindung mit Artikel 9 Cc vor, wenn der Tatbestand des Artikel 226 I Code pénal verwirklicht ist oder in sonstiger Weise in das Privatleben eingedrungen wird[319], in dem unbefugt über das Privatleben einer Person berichtet wird[320]. Außerdem müsste sich auch hier entweder ein „dommage direct" der

---

314 Vgl. Gaillard, D. 1984, chr. 161 (162).

315 „(1) Chacun a un droit au respect de sa vie privée.
(2) Les juges peuvent, sans préjudice de la réparation du dommage subi, prescrire toute mesure, telle que séquestre, saisie et autres, propres à empêcher ou faire cesser une atteinte à **l'intimité de la vie privée**; ces mesures peuvent, s'il y a urgence, être ordonnées en référé." Hervorhebung vom Verfasser.

316 Berchon, JC civ. 1990, 133-1, B, 1° Rnr. 36; Lindon, JCP 1970, 2357, Nr. 26 – 27.

317 „...toute mesure, telle que séquestre, saisie et autres, propres à empêcher ou faire cesser une atteinte à l'intimité de la vie privée".

318 Berchon, JC civ. 1990, 133-1, B, 1°, Rnr. 36.

319 Pradel, D. 1971, chronique XVIII, 111 (113); Lindon, JCP 1970, I, 2357, II, Rnr. 7.

320 Berchon, JC civ. 1990, 133-1, B, 2°, Rnr. 49.

Betroffenen[321] ergeben oder sich herausstellen, dass die Privatsphäre des Verstorbenen einzig mit dem Ziel verletzt wurde, indirekt den Ruf der Hinterbliebenen zu beeinträchtigen[322].

Rechtsprechung und überwiegender Teil der Literatur sehen das Verhältnis zwischen diesen Normen grundsätzlich anders:

Beide Artikel haben vollständig verschiedene Schutzfunktionen. Artikel 1382 Cc will einen verursachten Schaden im Wege der Naturalrestitution ersetzen, während Artikel 9 Cc Privat- und Intimsphäre als Einheit schützen soll. Im Gegensatz zu Artikel 1382 Cc muss der Kläger daher bei Berufung auf Artikel 9 Cc weder ein schuldhaftes Verhalten, noch einen Schaden oder den Kausalitätszusammenhang zwischen beiden beweisen. Jede Persönlichkeitsrechtsverletzung verpflichtet den Verletzenden ausweislich des Gesetzestextes, diese zu beenden und den resultierenden Schaden zu ersetzen, ohne dass ihm ein schuldhaftes Verhalten nachgewiesen werden müsste[323]. Allein die Feststellung einer Verletzung des durch Artikel 9 Cc geschützten Privatlebens verpflichtet somit zu Schadenersatz[324].

Hieraus ergibt sich eine Anwendungsspezialität der Normen: Während Artikel 9 Cc als subjektives Abwehrrecht jegliche Persönlichkeitsverletzung unterbinden soll, zwingt Artikel 1382 Cc den durch schuldhaftes Verhalten verursachten Schaden zu ersetzen. Ein Richter wird daher im Rahmen von Artikel 9 Cc nicht die Frage stellen, ob ein Persönlichkeitsrecht schuldhaft im Sinne des Deliktsrechts verletzt wurde, sondern einzig, ob die fragliche Veröffentlichung geeignet ist, die Persönlichkeit des Betroffenen zu verletzen, und ob der Betroffene in die Veröffentlichung eingewilligt hatte[325].

Diese Ansicht erscheint überzeugender als die abweichende Literaturmeinung zum Verhältnis von Artikel 9 Cc zu Artikel 1382: Die Meinung in der Literatur könnte gänzlich ohne Artikel 9 Cc Persönlichkeitsverletzungen auf Grundlage von Artikel 1382 Cc sanktionieren, wie es ja auch vor Einführung dieses Artikel geschah.

8) Betroffenes Persönlichkeitsrecht

Die Cour de Cassation hatte im Fall „Non Lieu“ im Anschluss an die Cour d'appel deutlich gemacht, dass weder Verletzung des Privatlebens („Atteinte à la

321 Bormann, 2. Kap., § 5, S. 115.
322 Berchon, JC civ. 1990, 133-1, B, 1° Rnr. 36.
323 Viney, JCP 1997, I, doc., 4025 (I, 3); Ravanas, JCP 1997, II, jur., 22805.
324 ständige Rsp., vgl. auch Laulom D. 1997, II, jur, 403 (404).
325 Lucas-Schloetter, RNr. 865, S. 623.

vie privée") noch üble Nachrede („diffamation") vorlagen, so dass die Cour de Cassation ihre Entscheidungen auf andere Persönlichkeitsrechte gestützt haben muss.

In Frankreich gibt es die Konstruktion eines allgemeinen Persönlichkeitsrechtes nicht[326], vielmehr ist von „Persönlichkeitsrechten" („droits de la personnalité") die Rede. Dazu zählen neben den körperlichen Persönlichkeitsrechten, wie Recht auf Leben und körperliche Unversehrtheit auch eine Reihe von Rechten, deren Schutzumfang im vagen bleibt. Sie betreffen unter anderem das Recht auf Arbeit, das auf Freizeit sowie das auf Ruhe[327].

Die Rechtsprechung hat auf Grundlage der Artikel 1382, 1383 Cc verschiedene Bereiche der Persönlichkeit geschützt und dabei auch Ausdrücke wie Persönlichkeitsverletzung („atteinte à la personnalité") oder Persönlichkeitsrecht verwandt.

Hiermit wird allerdings nur auf den allgemeinen Hintergrund, nicht aber auf das Quellrecht verwiesen, aus dem sich der Schutz des besonderen Persönlichkeitsrechts herleitet.

Dieses Vorgehen birgt die Gefahr, die Grundlage einer Entscheidung eher zu verschleiern als zu verdeutlichen. Zumal in der Rechtsprechung die Tendenz herrscht, auch im Rahmen von Artikel 9 Cc mit den Begriffen des allgemeinen Deliktsrechts zu arbeiten. Dies erklärt sich sicher daraus, dass der Persönlichkeitsschutz auf Grundlage des Artikel 1382 Cc entwickelt wurde. So findet sich in auf Artikel 9 Cc gestützten Entscheidungen auch der Begriff der „faute", die systematisch hier eigentlich keine Rolle spielt. Die Grundlage einer Entscheidung zu erfassen, wird auch dadurch erschwert, dass die Cour de Cassation es zugelassen hat, dass den tatrichterlichen Entscheidungen auch gesetzesfremde Erwägungen zugrunde liegen können[328].

Die Tatsachengerichte haben zum Beispiel die Verletzung verwandtschaftlicher Gefühle als „dommage moral" ebenso anerkannt[329], wie den persönlichen „Schmerz" des Eigentümers eines getöteten Pferdes über dessen frühzeitigen Verlust[330].

Aus deutscher Sicht besonders reich ist die französische Rechtsprechung an Entscheidungen über die Frage, ob die Persönlichkeit dessen verletzt ist, der zwischen sich und einer Romanfigur ihm wenig schmeichelhaft erscheinende Zu-

---

326 Max-Planck-Institut: Gutachten, 2. Teil, A, II, 2, S. 38.
327 Kayser, RTD civ. 1971, 445 (445).
328 Remé, 3. Kap. Teil 2 II, S. 121.
329 Remé, 3. Kap. Teil 2 II, S. 121.
330 Hubrecht, IV, A, 3, a, S. 96.

sammenhänge sieht[331]. So muss beispielsweise ein Autor, der in einem Kriegsroman einen französischen Offizier in deutscher Gefangenschaft seinen französischen Mitgefangenen vom Ausbruch abraten lässt, durch eigene Recherchen dafür sorgen, dass der gewählte Eigenname des (Anti)Helden nicht zufällig übereinstimmt mit dem eines französischen Offiziers, der tatsächlich in deutscher Kriegsgefangenschaft war[332].

In den angesprochenen Entscheidungen stand immer das Andenken an Familienangehörige in Frage, das zwar als ein anerkanntes Persönlichkeitsrecht gilt[333], nicht aber unter den Schutzbereich des Artikel 9 Cc fällt.

Auch Brigittes Eltern beriefen sich hilfsweise auf das Persönlichkeitsrecht des ungetrübten Andenkens an Verstorbene, das nach Ansicht von Cour d'appel und Cour de Cassation hier einschlägig ist. Die Cour de Cassation hatte im Anschluss an die Cour d'appel den Eltern damit die Rechtsfolgen des Artikel 9 Cc verwehrt, so dass ihnen ein Anspruch auf Beseitigung oder Unterlassung gemäß Artikel 9 I Cc nicht mehr zustand, wohl aber ein Schadenersatzanspruch aus Artikel 1382 Cc wegen Verletzung des Andenkens an die Verstorbene.

Anders ist es im Falle „Le grand secret", der sowohl auf Grundlage von Artikel 9 Cc bezüglich der selbst erlittenen Persönlichkeitsrechtsverletzung der Kläger als auch auf Grundlage von Artikel 1382 Cc wegen Verletzung einer Berufpflicht entschieden wurde.

9) Das haftungsbegründende schuldhafte Verhalten („la faute") der Autoren

Das Recht auf ungetrübtes Andenken an verstorbene Familienmitglieder hätten die Autoren schuldhaft verletzt haben müssen. Eine „faute" besteht nach dem oben Gesagten immer dann, wenn ein Verstoß gegen eine durch das Recht vorgegebene Verhaltensregel begründet wird[334]. Dieser Verstoß kann sich sowohl gegen geschriebenes Recht richten, als auch in einem Verstoß gegen allgemeine Verhaltensregeln („erreur de conduite") liegen[335], worin die Nichtbeachtung von Berufsregeln oder der Regeln von Sitte und Anstand[336] eingeschlossen ist.

---

331 Jourdan, JC civ. 1988, Art. 1382 – 1386, Fasc. 435, C, 3°, Rnr. 129; Zweigert/Kötz, § 43 III, S. 702.

332 TGI Paris, D. 1957, 622.

333 Bormann, 2. Kap., § 1, A, I, 3, b, bb, (III), S. 32.

334 Pierchon, JC civ. 1988, Art. 1382 – 1386, Fasc. 120-1, Rnr. 19.

335 Ferid/Sonnenberger, 2 O 118, Bd. 2, S. 464.

336 „ordre moral": Ferid/Sonnenberger, 2 O 121, Bd. 2, S.465.

a) „Non Lieu"

Eine Verletzung geschriebenen Rechts konnte dem Autor nicht nachgewiesen werden, so dass nunmehr allgemeine Verhaltens- beziehungsweise Berufsregeln in Betracht kommen.

Die Cour de Cassation warf M. Desgraupes vor, er habe zwar den fiktiven Charakter seines Romans hervorgehoben, gleichzeitig aber den Hinweis auf den Anlass seines Romans, die Affäre in Bruay-en-Artois, gegeben. Er habe es dann fahrlässig unterlassen, die Geschichte so zu verfremden, dass Person und Schicksal von Brigitte Dewevre nicht mehr erkannt werden konnten. Die Hervorhebung des fiktiven Charakters von „Non lieu" erscheine daher als Schutzbehauptung. Der allgemeine Hinweis, dass die Romanfigur nicht mit einer bestimmten Person identisch sei, genüge nicht immer[337].

Mangelhafte Verfremdung in einem Roman wird als fahrlässige Verletzung von Berufsregeln angesehen[338]. Gleiches gilt für Kino- und Fernsehfilme[339]. Aus dieser Fahrlässigkeit resultierte die Beeinträchtigung des Andenkens der Eltern an ihre Tochter und damit ein „dommage moral".

Der Autor beruft sich hingegen auf ein von ihm wahrgenommenes berechtigtes Interesse zur Veröffentlichung des Romans, das aus seiner Berufsausübungsfreiheit und dem Unterhaltungs- und Informationsinteresse der Allgemeinheit resultiert. Das Recht des Autors kann nicht bestritten werden, sich von Ereignissen, die in den öffentlichen Bereich fallen, oder von Personen, die an diesen Ereignissen teilhatten, inspirieren zu lassen, um ein Geisteswerk zu verwirklichen[340]. Dieses Recht findet seine Grenzen allerdings in der Achtung der Persönlichkeit der Betroffenen[341], wenn diese den Autor nicht ausdrücklich ermächtigt haben, in dieser Weise über ihre Tochter zu berichten. Eine Einwilligung von Seiten der Eltern oder Brigitte Dewevres ist nicht zu erkennen. Außerdem verlangt die Wahrnehmung eines berechtigten Interesses zusätzlich subjektive Elemente, wie „prudence" und „sinscérité", also Sorgfalt und Aufrichtigkeit des Handelnden[342], um Persönlichkeitsverletzungen zu vermeiden.

M. Desgraupes wurde jedoch Fahrlässigkeit vorgeworfen. Alles spricht dafür, dass er es nicht vermochte, die Wahrnehmung eines berechtigten Interesses substantiiert vorzutragen, was nach der Beweislastregelung des französischen De-

---

337 Pierchon, JC civ. 1988, Art. 1382 – 1386, Fasc. 435, C, 3°, Rnr. 128.

338 CA Paris, D. 1957, 622 (622) ; Lindon, Gaz. Pal. 1957, 2, J, 261 (263).

339 Pierchon, JC civ. 1988, Art. 1382 – 1386, Fasc. 435, C, 3°, Rnr. 135; TGI Seine, Gaz. Pal. 1962, II, jur., 158 (158).

340 Bormann, 2. Kap., § 1, B, III, 4, S. 58.

341 Bormann, 2. Kap., § 1, B, III, 4, S. 58.

342 Simon, B, II, 1, c), S. 174.

liktsrechts die Aufgabe des Beschwerdeführers ist[343], so dass eine „faute" vorliegt.

b) „Le grand secret"

Sehr viel einfacher ist die Begründung im Fall „Le grand secret". Die Cour de Cassation berief sich im Gegensatz zu den Vorinstanzen nicht nur auf Artikel 9 Cc, sondern stützte seine Entscheidung über dies auf Artikel 1382 Cc, zitierte hierbei aber die Entscheidungen der Vorinstanzen kommentarlos.

Dieses Vorgehen rief starke Kritik an der Entscheidung hervor, weil die Cour ebenso wenig wie die Vorinstanzen danach differenzierte, welchen Anspruch sie begründet: Den der Hinterbliebenen aus eigenem Recht, oder ein wie auch immer übertragenes Persönlichkeitsrecht des verstorbenen Präsidenten. Schließlich war ja auch darüber berichtet worden, wie die Angehörigen persönlich mit der Krankheit umgingen, so dass ihnen ein Anspruch aus Artikel 9 Cc zustehen konnte.

Daher wird hier zunächst nur die Argumentation der Cour de Cassation aufgrund von Artikel 1382 Cc besprochen, während die, die auf Artikel 9 Cc gründet, im Anschluss an die Rechtsfolgen von „Non Lieu" beschrieben wird.

Der Cour de Cassation fiel die Begründung einer „faute" deswegen so ausnehmend einfach, weil der Autor gegen die ärztliche Schweigepflicht verstoßen hatte, die als Berufspflicht gilt. Der Verstoß gegen eine Berufsregel aber stellt immer eine „faute" dar. Aus diesem Verstoß resultiert der Schaden der Kläger.

10) Das haftungsbegründende schuldhafte Verhalten („la faute") der Verlage

Dem Verlag Grasset et Fasquelle wurde vorgeworfen, den „fiktiven" Roman unkritisch übernommen und veröffentlicht zu haben, obwohl auch ihm die Gefahr einer möglichen Persönlichkeitsverletzung hätte bekannt gewesen sein müssen.

Anknüpfungspunkt war hier erneut eine ungeschriebene allgemeine Verhaltensregel für Verlage, die von ihnen verlegten Werke vor Veröffentlichung auf etwaige Persönlichkeitsverletzungen Dritter zu überprüfen. Die Cour de Cassation warf dem Verlag Grasset et Fasquelle fahrlässige Verletzung dieser allgemeinen Verhaltenspflicht vor. Das Gericht ließ den Einwand des Verlages nicht gelten, er habe im Rahmen der Verlagstätigkeit mit der Veröffentlichung des Romans ebenfalls ein berechtigtes Interesse verfolgt, denn auch er ließ es nach Ansicht des Gerichts an der notwendigen „prudence" und „sinscérité" fehlen.

343 Françon, RIDA 1971, 149 (163).

Genau dieser Vorwurf trifft auch den Verlag Plon, bei dem „Le grand secret“ erschien: Der Verlag hätte sich die Befreiung von der ärztlichen Schweigepflicht vorlegen lassen müssen, um die Rechtmäßigkeit der Informationen sicher zu stellen.

11) Das haftungsbegründende schuldhafte Verhalten („la faute“) der Fernsehanstalt

Die „faute“ der Fernsehanstalt im Fall von „Non Lieu“ lag nach Auffassung der Cour de Cassation ebenfalls darin, dass sie es unterlassen hatte, Ort, Personen und Umstände des Romans so weit zu verfremden, dass die Originalgeschichte für den Fernsehzuschauer nicht mehr erkennbar war.

12) Kausalität („le lien de causalité“) zwischen „faute“ und „dommage“

Bezüglich der Kausalität im Fall „Non Lieu“ zwischen haftungsbegründendem Verhalten und immateriellem Schaden begnügt sich die Cour de Cassation mit dem lapidaren Hinweis, dass schon die Cour d'appel diese mit Leichtigkeit habe feststellen können.

Im Fall „Le grand secret“ fehlt selbst dieser Hinweis. Dies folgt daraus, dass der Kausalitätszusammenhang im französischen Deliktsrecht als pragmatisches Zuordnungsprinzip verstanden wird, bei dem sowohl objektive als auch subjektive Elemente – immer unter Berücksichtigung moralischer Aspekte – gleichermaßen für das Vorliegen eines „lien de causalité“ sprechen können[344]. Weder Cour d'appel noch Cour de Cassation sahen die Möglichkeit oder die Notwendigkeit, wertend zugunsten der Beschwerdeführer einen Kausalzusammenhang zu verneinen.

13) Rechtsfolgen bezüglich „Non Lieu“

Artikel 1382 Cc ist auf Naturalrestitution gerichtet[345], wobei dem Richter ein weiter Ermessensspielraum gegeben ist, die Maßnahmen anzuordnen, die ihm am besten geeignet erscheinen, den Schaden zu ersetzen[346]. In der Regel handelt es

344 Hübner/Constantinesco, 3. Teil, I, § 22, 4, b S. 162.

345 Koch, B, III, 6, b, S. 19.

346 Mestre, JCP 1974, II, 2623, Rnr. 42; Dutertre, D. 1972, J, 445 (447).

sich hierbei um einen Geldersatz, häufig in Form eines symbolischen Franc[347], doch kann etwa auch die Beschlagnahme des Druckwerkes angeordnet werden[348]. Außerdem kann noch die Verpflichtung zur Urteilsveröffentlichung und zur Abgabe einer schriftlichen oder mündlichen richtigstellenden Erklärung ausgesprochen werden, die dem Widerruf nach deutschem Recht ähnlich ist[349].

Die Beschlagnahme wird aber nur dann angeordnet, wenn dem Verletzten nicht auf andere Weise, wie zum Beispiel durch Veränderung der verletzenden Textstelle, Berichtigung, Urteilsveröffentlichung oder Geldentschädigung Genugtuung verschafft werden kann[350].

Aus diesem Katalog wählten die Richter im Fall „Non Lieu" die Geldentschädigung.

14) Rechtsfolgen bezüglich „Le grand secret"

Die Cour de Cassation hatte die Entscheidung der Cour d'appel bestätigt, die die Beschlagnahme des Buches sowie sein Veröffentlichungsverbot für die Zukunft beinhaltet und den Klägern Schadenersatz zusprach. Keine Instanz hatte verdeutlicht, welche Rechtsfolge auf welcher Anspruchsgrundlage fußte, so dass hier der Versuch unternommen wird, den einzelnen Rechtsfolgen bestimmte Rechtsgrundlagen zuzuordnen.

Die Rechtsfolge Schadenersatz ist dem Deliktsrecht immanent und war, wie oben gesehen, leicht zu begründen, da der Autor die ärztliche Schweigepflicht missachtet hatte und den Klägern hieraus ein immaterieller Schaden entstand.

In Anwendung des naturalrestitutiven Gedanken von Artikel 1382 Cc hätten auch Beschlagnahme der auf dem Markt befindlichen Exemplare und Veröffentlichungsverbot für die Zukunft angeordnet werden können, weil dies die einzige Möglichkeit ist, den aus dieser „faute" resultierenden Schaden zu beenden.

Die Rechtsfolge Beschlagnahme des Buches verbunden mit der Auflage, es auch in Zukunft nicht zu veröffentlichen, beruht wohl auf Artikel 9 Cc. Dadurch, dass der Autor auch den psychischen Druck beschreibt, die die verheimlichte Krankheit auf die Angehörigen Mitterands ausübte, zerrte er private Gefühle an die Öffentlichkeit. Die Rechtsfolge Beschlagnahme der ersten Auflage lässt sich daher mit Artikel 9 Cc begründen. Für weitere Auflagen hätte es ausgereicht, auf

---

347 Hubrecht, 63 (69); Kayser, RTD civ. 1971, 445, (503); Stürner, AfP 1998, 1 (5); CA Paris D. 1957, 622.
348 Koch, B, III, 6, b, S. 19.
349 Koch, B, III, 6, b, S. 19.
350 Ferid/Sonnenberger, 1 D 247, S. 357.

die Schilderung der privaten Misere zu verzichten, um weitere Eingriffe in die klägerischen Privatsphären zu vermeiden.

Die genannten Rechtsfolgen wurden demnach erreicht, ohne dass notwendig gewesen wäre, den postmortalen Schutz der Persönlichkeit Mitterands anzuführen. Jedoch hätte das Ergebnis auch mit dem postmortalen Persönlichkeitsschutz begründet werden können:

Wie oben gesehen, gewährt Artikel 1382 Cc einen umfassenden Schutz der Persönlichkeit auch nach dem Tod. Der Autor hatte mit Missachtung der ärztlichen Schweigepflicht, eine Berufspflicht verletzt und damit gegen geschriebenes Recht[351] verstoßen. Eine „faute" liegt vor.

Diese wird auch nicht durch eine stillschweigende Einwilligung des Präsidenten, über seine Krankheit nach dem Tod berichten zu dürfen, ausgeschlossen. Die Einwilligung ist auch im Rahmen von Artikel 1382 Cc geeignet, Eingriffe in Persönlichkeitsrechte zu rechtfertigen.

Zwar hatte François Mitterand sein Privatleben quasi vor den Augen der Öffentlichkeit geregelt, als er seine außereheliche Tochter Mazarine in einem bekannten Pariser Restaurant zu Mittagszeit ausführte und diese dadurch in die Gesellschaft als seine Tochter einführte. Hieraus jedoch eine stillschweigende Einwilligung anzunehmen, über alle „Ungereimtheiten" aus dem Privatleben des Präsidenten berichten zu können, ginge zu weit.

Auch die Meinungsfreiheit, wie sie in Artikel 10 EMRK umschrieben ist, kann die Veröffentlichungen nicht rechtfertigen. Schließlich bestimmt Artikel 10 II EMRK dass die Meinungsfreiheit nicht uneingeschränkt gelten, sondern gesetzlich eingeschränkt werden kann. Der Autor und Arzt Gubler hat jedoch gegen eine notwendige gesetzliche Bestimmung verstoßen, als er die Pflicht missachtete, über alles, was ihm als Arzt zu Ohren gekommen ist, Verschwiegenheit zu bewahren[352]. Diese Pflicht ist im Sinne von Artikel 10 II EMRK notwendig zum Schutze der Rechte und Freiheiten anderer, weil ohne sie ungestraft jede Krankengeschichte veröffentlicht werden könnte, was den Schutz von Persönlichkeitsrechten gegenüber einem Arzt ins Leere laufen ließ[353].

---

351 Vgl. Art. 2-4 Code de déontologie médicale.

352 Art. 2-4 Code de déontologie médicale: "tout ce qui est venu à la connaissance du médecin dans l'exercice de sa profession, c'est-à-dire non seulement ce qui lui a été confié, mais aussi ce qu'il a vu, entendu ou compris".

353 Vgl.auch Massis, D. 1997, chron., 291 (295): „**Le secret médical a une valeur supériure à la liberté de l'information**. Il n'appartient pas au médecin de transgresser ce secret au profit d'un devoir d'information. Ce n'est pas son rôle, c'est celui du journaliste, de l'éditeur ou bien encore de l'historien. ... La protection du secret médical est centrale dans notre société, sa violation manifeste justifie une mesure conservatoire d'interdiction de poursuivre la diffusion de l'ouvrage";Hervorhebung durch den Verfasser.

Die Krankheit des Präsidenten hätte jedoch Verfassungsprobleme und damit politische Aktualität bedeuten können, so dass der Autor eines Enthüllungsbuches sich auf das Informationsrecht der Öffentlichkeit hätte berufen können. Diese Aktualität ist jedoch nie eingetreten, weil das Staatsoberhaupt erst nach seiner letzten Regierungsperiode starb, so dass auch das Informationsrecht der Öffentlichkeit kein Rechtfertigungsgrund darstellen kann.

Somit liegen die Haftungsvoraussetzungen des Artikel 1382 Cc vor. Gegen dieses schuldhafte Verhalten, das einen immateriellen Schaden auf Seiten der Hinterbliebenen verursachte, können sich diese auch auf Grundlage von Artikel 1382 Cc wehren. Schließlich findet der Respekt, der Verstorbenen gegenüber geschuldet ist, seine Grundlage, wie die Persönlichkeitsrechte selbst, in der Menschenwürde. Genau mit der jedoch wäre es unvereinbar, den Verstorbenen zum reinen öffentlichen Objekt einer Berichterstattung zu machen, wie sie über Lebende nicht akzeptiert würde.

VI) Zusammenfassende Darstellung der Entscheidungsgründe zu „Non Lieu"

Die zusammengefassten Kassationsbeschwerden von Autor und Verlag gegen das Urteil der Cour d'appel, sowie die Kassationsbeschwerde der Fernsehgesellschaft, über die die Cour de Cassation gesondert entschied, sind im vollem Umfang unbegründet.

In dem angefochtenen Urteil hatte die Cour d'appel über die Klage des Ehepaars Dewevre zu entscheiden. Nach Auffassung der Cour d'appel war die Klage nur teilweise begründet:

Die Klage des Ehepaars war insoweit unbegründet, als sie auf Unterlassung des Romans „Non lieu" als Buch oder Fernsehfilm gerichtet war. Ein solcher Unterlassungsanspruch hätte jedenfalls bei Vorliegen von „diffamation" oder bei „atteinte à la vie privée" bestanden. Für eine „diffamation" mangelt es am Vorsatz, eine „atteinte à la vie privée" liegt nicht vor, weil das Werk „Non lieu" nicht in die Privatsphäre der Eltern, sondern in die der verstorbenen Tochter eingreift.

Auch über Artikel 1382 Cc hätten diese Rechtsfolgen nicht erreicht werden können, weil es zur Beendigung der Persönlichkeitsrechtsverletzung ausgereicht hätte, auf den Hinweis auf den tatsächlichen Fall in Bruay-en-Artois zu verzichten.

Jedoch war nach Auffassung der Cour d'appel der Hilfsantrag begründet, so dass dem Ehepaar Dewevre ein Schadenersatzanspruch aus Artikel 1382, 1383 Cc für den erlittenen immateriellen Schaden zusteht. Die Cour de Cassation bestätigte diese Entscheidung.

VII) Zusammenfassende Darstellung der Entscheidungsgründe zu „Le grand secret“

Die Cour de Cassation hat, ohne dies wirklich zu verdeutlichen, die Ansprüche der Kläger auf drei verschieden Grundlagen gestellt, sowohl auf Artikel 9 Cc als auch auf Artikel 1382 Cc.

Die Beschreibung, wie die Hinterbliebenen als Familienangehörige des Verstorbenen auf dessen Erkrankung reagierten und unter der Situation zu leiden hatten, ihre Sorgen anderen nicht mitteilen zu dürfen, stellten einen klaren Eingriff in die eigene Privatsphäre der Kläger selbst nach Artikel 9 Cc dar. Die Rechtsfolgen dieses Verstoßes folgen aus Artikel 9 II Cc, so dass der Eingriff in die Privatsphäre zu einem Ende gebracht werden musste. Einzige Möglichkeit, den Kreis derjenigen einzugrenzen, die von dieser Zwangssituation erfahren, war das Veröffentlichungsverbot und die Einziehung der auf dem Markt befindlichgen Exemplare verbunden mit der Auflage, in weiteren Veröffentlichungen auf die Beschreibung der privaten Sorgen der Hinterbliebenen zu verzichten.

Das Buch war zusätzlich dazu unter Verletzung der Berufregeln zustande gekommen und hieraus ist den Hinterbliebenen ein Schaden entstanden, so dass auch die Voraussetzungen des Artikel 1382 Cc vorlagen. Hieraus resultiert der den Klägern zugesprochene Schadenersatzanspruch.

Außerdem steht der durch die ärztliche Schweigepflicht konkretisierte Schutz der Menschenwürde und damit der Schutz der Persönlichkeit über den Tod hinaus gegen eine Veröffentlichung der Krankengeschichte. Es steht den Hinterbliebenen somit auch ein Anspruch nach Artikel 1382 Cc nach den Grundsätzen des postmortalen Persönlichkeitsschutzes zu. Auf den auf Naturalrestitution gerichteten Artikel 1382 Cc hätten Beschlagnahme und Veröffentlichungsverbot ebenfalls gestützt werden können, weil dies die einzige Möglichkeit darstellt, den Kreis derer, die detailliert über die Krankengeschichte informiert werden, nicht zu vergrößern und damit den schon entstandenen Schaden wenigstens nicht zu erschweren.

D) Mögliche Ansprüche der Hinterbliebenen nach deutschem Recht

Das Ehepaar Dewevre ist nur mit seinem hilfsweise geltend gemachten Schadenersatzanspruch zum Ziel gelangt, nicht dagegen mit ihrem Hauptantrag, der durch die Berufung auf „diffamation" und „atteinte à la vie privée" zumindest auch auf Beseitigung und Unterlassung gerichtet war. Es stellt sich somit die Frage, ob die Eheleute Dewevre mit ihrem Klagebegehren des Hauptantrages vor einem deutschen Gericht Erfolg gehabt hätten, und wie der Hilfsantrag behandelt worden wäre.

Die Eltern von Brigitte Dewevre beriefen sich auf das Vorliegen einer „diffamation", die der üblen Nachrede im deutschen Recht entspricht, und der „atteinte à la vie privée", der Verletzung der Privatsphäre. Dieses hätte ihnen nach französischem Recht auf Rechtsfolgenseite einen Gegendarstellungsanspruch neben dem Anspruch auf Unterlassung gegeben.

Im Fall „Le grand secret" wird man zwischen den verschiedenen Klagebegehren unterscheiden müssen: Einerseits wurde das Verbot der Veröffentlichung, andererseits ein Schadenersatz verlangt.

In Frage steht nun, ob ein deutsches Gericht diesen Klagebegehren nachgekommen wäre.

I) Anspruch auf Gegendarstellung hinsichtlich der Bücher

Das Recht zur Gegendarstellung in Deutschland hat seinen Ursprung in der im Zuge der französischen Revolution durchgesetzten Pressefreiheit[354], deren exzessiver Gebrauch[355] in der Folgezeit einen Schutz gegen Persönlichkeitsverletzungen notwendig machte[356]. Einerseits gilt es als Teil eines durch Artikel 2 I in Verbindung mit Artikel 1 I GG gewährleisteten Rechts auf Selbstbestimmung des Einzelnen über die Darstellung der eigenen Person[357], andererseits handelt es sich bei der Verpflichtung der Medien zur Veröffentlichung von Gegendarstellungen um einen Eingriff in die Grundrechte der Presse- beziehungsweise Rund-

354 Kreuzer, II, A, 1), 61 (62); Chang, 1. Teil, I, S. 5.
355 Kitzinger, ZStrW 27 (1907), 872 (873); Kübler/Simitis, JZ 1969, 445 (445).
356 Köbl, § 2, I), 2), S. 19.
357 BVerfGE 63, 131 (142) – Gegendarstellung II; BGHZ 66, 182 (195).

funkfreiheit[358], so dass der Anspruch auf Gegendarstellung nach dem Prinzip vom Gesetzesvorbehalt einer gesetzlichen Grundlage bedarf[359].

Diese gesetzliche Grundlage findet sich unter anderem in den Landespressegesetzen[360]. Voraussetzung für die Anwendbarkeit eines Landespressegesetzes ist, dass es sich um eine Veröffentlichung innerhalb eines periodisch erscheinenden Druckwerkes handelt.

Hier liegen jedoch ein Roman und ein Enthüllungsbuch vor, die darauf angelegt sind, längere Zeit auf dem Markt erhältlich zu sein. Teilweise wird in der deutschen Rechtslehre eine analoge Anwendung der presserechtlichen Regelungen auf nicht-periodisch erscheinende Werke befürwortet[361], zumindest solange sich das Werk noch in den Händen des Verlegers befände[362].

Die Ausweitung presserechtlicher Regelungen auf nicht-periodische Druckwerke wird jedoch mit folgendem Hinweis abgelehnt: Sinn einer Gegendarstellung ist es, den Betroffenen vor demselben Öffentlichkeitskreis Gelegenheit zur Richtigstellung zu geben, vor dem eine Behauptung stattfand. Dies ist bei einem bereits erschienenen Buch praktisch nicht erreichbar, denn es fehlt an einem dem verkauften Buch unmittelbar folgenden Entgegnungsblatt[363].

Daher scheitert das Begehren hier an dem im Gegendarstellungsrecht entscheidenden zeitlichen Moment des unverzüglichen Geltendmachens. Aus diesem Grunde bleiben sowohl dem Ehepaar Dewevre als auch den Hinterbliebenen François Mitterands ein Gegendarstellungsanspruch nach presserechtlichen Grundsätzen bezüglich der erschienenen Bücher auch nach deutschem Recht verwehrt.

II) Anspruch auf Gegendarstellung hinsichtlich des Fernsehfilms

Allerdings könnte den Eheleuten Dewevre ein Anspruch auf Gegendarstellung gegen den Fernsehfilms zustehen. Der Anspruch wird teilweise als besondere, den Printmedien nachgebildete Anspruchsgrundlage im Rundfunk- und Fernsehbereich angesehen[364]. Die Gegendarstellungspflicht soll den Betroffenen vor

358 BayVerfGH AfP 1994, 216 (217) = NJW 1994, 2477 (2477).
359 BVerfGE 57, 295 (324 – 325); 63, 131 (142); BVerfGE 73, 118 – 4. Rundfunkurteil.
360 Kreuzer, II, B, 1), (1), 61 (74).
361 Leinveber, GRUR 1961, 20 (21).
362 Adenaes, UFITA 30 (1960), 30 (43).
363 Greiff, NJW 1961, 97 (98).
364 Hartlieb, Kap. 193 S. 540, Rnr. 1; Konrad, AfP 1975, 893 (893).

einseitigen Darstellungen seiner Person in der Öffentlichkeit schützen[365]: Es muss ihm die Möglichkeit gegeben werden, sich gegen solche Darstellungen zu wehren[366]. Das Gegendarstellungsrecht wurde sehr formalistisch ausgestaltet[367].

Problematisch ist allerdings, dass sich die Eltern gegen die ihrer verstorbenen Tochter in einem Film mit fiktiven Inhalt zugeschriebenen sexuellen Neigungen mittels Gegendarstellung wehren wollen. Es stellt sich also die Frage, ob sich Hinterbliebene auf eine Verletzung des postmortalen Achtungsanspruchs der Verstorbenen überhaupt berufen können. Grundsätzlich wird dies zwar verneint[368], den Hinterbliebenen wird jedoch dann ein Gegendarstellungsanspruch zugestanden, wenn auch sie selbst durch die angegriffene Behauptung in ihren eigenen Interessen betroffen sind[369].

Betroffen ist jede Person, deren eigene Interessensphäre durch die aufgestellte Behauptung berührt wird und die zu der mitgeteilten Tatsache in einer individuellen Beziehung steht[370]. Es muss also ein individuelles Berührtsein vorliegen, womit ein Popular-Gegendarstellungsanspruch ausgeschlossen wird[371]. In dem fraglichen Film werden Neigungen der Tochter beschrieben, aus denen unter Umständen auch Rückschlüsse auf die Eltern gezogen werden könnten. Ob solche Folgerungen jedoch berechtigt sind, wird nicht gefragt. Daher wird eine direkte Betroffenheit der elterlichen Sphäre bejaht.

Allen Landespressegesetzen gemeinsame Voraussetzung eines Gegendarstellungsanspruchs ist zunächst das Vorliegen einer Tatsachenbehauptung. Unter den Begriff Tatsachenbehauptung fällt jede Aussage über äußere und innere Vorgänge der Vergangenheit oder Gegenwart, die dem Beweis durch Dritte zugänglich ist[372]. Da die Gegendarstellungsverpflichtung einen erheblichen Eingriff in die Meinungs- und Pressefreiheit aus Artikel 5 GG darstellt[373], erfährt der Tatsachenbegriff eine restriktive Auslegung, um eine missbräuchliche Berufung auf das Gegendarstellungsrecht zu vermeiden[374].

365 Köbl, 3. Teil, § 9, IV, 6, c, (1), S. 107.
366 BVerfGE 7, 198 (209).
367 Löffler-Sedelmeier, § 11, III, 4, Rnr. 44, S. 613; Schiwy/Schütz S. 52.
368 OLG Hamburg AfP 1994, 322, 1. Leitsatz.
369 Soehring, NJW 1997, 360 (362).
370 Seitz/Schmidt/Schoene, 4. Kap., I), 1), c), Rnr. 62, S. 25.
371 Scheer,Teil II, § 11, A, IV, 3, S. 264.
372 BGHZ 3, 270 (273) – Constanze I; BGH NJW 1965, 36 (36) – Marktbericht; NJW 1993, 525 (525) – Ketten-Mafia; NJW 1993, 930 (930) – illegaler Fellhandel; NJW 1994, 2614 (2614).
373 Wenzel, AfP 1971, 161 (162).
374 Seitz/Schmidt/Schoene, NJW 1980, 1553 (1553); BGHZ 3, 270 (273).

Den Gegensatz zu Tatsachenbehauptungen bilden reine Meinungsäußerungen, Kommentare beziehungsweise Werturteile[375], die sich einer rationalen Kontrolle entziehen[376] und die somit nicht gegendarstellungsfähig sind[377]. Die Gegendarstellung selbst darf ebenfalls nur Tatsachen beinhalten. Sie setzt Tatsachen gegen Tatsachen[378]. Die Einordnung der Äußerung als Tatsachenbehauptung oder Werturteil bildet daher das zentrale Problem bei der Zulassung eines Gegendarstellungsanspruchs[379].

Zur Abgrenzung zwischen Tatsachenbehauptung und Meinungsäußerung kommt es darauf an, ob für einen unbefangenen Durchschnittsleser oder durchschnittlichen Betrachter einer Fernsehsendung[380], der mit der Materie nicht speziell vertraut oder von den Einzelheiten unterrichtet ist[381], der Tatsachenkern oder der Wertungsgehalt der Äußerung überwiegt[382], wobei allerdings die Äußerung nicht aus dem Kontext gerissen werden darf, in dem sie steht[383]. Überwiegt für den sich dem Durchschnittszuschauer aufdrängenden Sinn des Gesamtinhalts die subjektive Wertung des Mitteilenden so stark, dass er den maßgeblichen Akzent der Mitteilung ganz oder überwiegend im Subjektiven ortet, so liegt eine Meinungsäußerung vor. Hieraus wurden teilweise zur Abgrenzung dieser Begriffe die drei Voraussetzungen der Beweiszugänglichkeit, der Möglichkeit objektiver Klärung und der Geschichtlichkeit entwickelt[384].

Homosexualität ist grundsätzlich dem Beweise zugänglich und damit auf den ersten Blick als Tatsachenbehauptung zu werten.

Im Zweifel nehmen Bundesverfassungsgericht und Bundesgerichtshof Meinungsäußerung an[385]: Ist eine Aussage durch Elemente der Stellungnahme oder des Dafürhaltens oder Meinens im Rahmen einer geistigen Auseinandersetzung geprägt, fällt sie in den Schutzbereich des Artikel 5 GG. Die Aussage ist auch dann vom Schutzbereich des Artikel 5 GG umfasst, wenn die Elemente der Stellungnahme oder des Dafürhaltens oder Meinens mit denen einer Tatsache ver-

375 Seitz, NJW 1996, 1518 (1519).

376 BVerfG NJW 1994, 1779 (1779); NJW 1995, 3303 (3305) – Soldaten sind Mörder II.

377 Neumann-Duesberg, NJW 1960, 2032 (2035).

378 Stark, Teil 2, C, I, 5, a), S. 178; Flechsig/Hertel/Varenhold, NJW 1994, 2441 (2442).

379 Soehring, NJW 1997, 360 (362).

380 BGH NJW 1974, 1762 (1762) = AfP 1974, 702 (702).

381 Seitz/Schmidt/Schoene, 6. Kap. I), 5), b), Rnr. 327, S. 134.

382 OLG Frankfurt NJW 1971, 471 (472).

383 BGH VersR 1987, 1016 (1017); VersR 1994, 1120 (1121); BGHZ 132, 13 (20) – Der Lohnkiller.

384 BGHZ 3, 270 (273) = NJW 1952, 660 (661) – Constanze I.

385 Löffler-Sedelmeier, § 11, Rnr. 97, VII, 1, d) (3), Rnr. 97.

bunden sind, sofern beide sich ohne Aufhebung oder Verfälschung des Sinns der Äußerung nicht trennen lassen, oder der tatsächliche Gehalt gegenüber der Wertung in den Hintergrund tritt[386].

Wird die Aussage jedoch im Rahmen einer künstlerischen Betätigung getroffen, bedeutet das für die Beurteilung des Aussagegehaltes, dass bei der Qualifizierung als Tatsache oder Meinungsäußerung auf die werkgerechten Maßstäbe und die spezifischen Ausstrahlungen und Eigengesetzlichkeiten der ästhetischen Wirkungsebene abgestellt werden muss[387]. Eine künstlerische Aussage ist somit grundsätzlich nicht dem Kriterium der Beweisbarkeit unterworfen[388].

Anderes soll gelten, wenn der Künstler die soziale Wirklichkeit zu seiner künstlerischen Ebene macht, also tatsächliche Geschehen nur verfremdet[389]. Allerdings ist auch hier bei Feststellung und Qualifizierung des Aussagegehaltes auf das Anliegen des Künstlers einerseits und auf den Durchschnittsbetrachter andererseits einzugehen[390]. Übertreibungen und erkennbare Verzeichnungen sollen daher nicht mit dem Inhalt der Aussage gleichgesetzt werden und nicht der Gegendarstellung unterliegen[391]. Das gilt auch dort, wo der Künstler sich mit aktuellem Geschehen auseinandersetzt, denn der Bereich der engagierten Kunst ist von der Freiheitsgarantie nicht ausgenommen[392].

Damit stellt sich die Frage, ob für den durchschnittlichen Zuschauer des Fernsehfilms der Tatsachenkern oder der fiktive Charakter überwiegt. Wären die sexuellen Neigungen Brigitte Dewevres Thema eines Dokumentarfilms, so läge für den durchschnittlichen Betrachter eine Tatsachenbehauptung vor. Auch in einem Film mit erfundener Handlung wären sexuelle Neigungen grundsätzlich beweisbar, wenn es nicht an der Beweisbarkeit des fiktiven Filmcharakters selbst fehlte[393]. Dafür wurde das Kriterium der Geschichtlichkeit entwickelt, das gerade dazu dienen soll, Erfundenes von der Gegendarstellung auszunehmen.

Zu fragen ist demnach, ob ein Zuschauer dieses Fernsehfilms die der Figur zugeschriebenen sexuellen Neigungen zwangsläufig als Tatsachenbehauptung auffassen musste. Für den durchschnittlichen Betrachter eines Fernsehfilms stellen sich Neigungen einer fiktiven Figur als Charaktereigenschaften der Figur und

386 BVerfGE 84, 1 (15) = NJW 1992, 1439, (1440) – kritische Bayeraktionäre; 85, 23 (24) = NJW 1992, 1442 (1442) – Fragen; NJW 1991, 1529 (1529) – Ärztestreik; NJW 1993, 1845 (1845) – Chefarzt; AfP 1994, 118 (119); BGH NJW 1994, 124 (126) – Greenpeace-Plakat; 1994, 2614 (2614) – Pleite gehen.

387 BVerfGE 30, 173 (188) – Mephisto; BVerfGE 75, 369 (376) – Strauß-Karrikatur.

388 Löffler-Steffen, § 6, III, 2, b), Rnr. 78b.

389 Löffler-Steffen, aaO.

390 Löffler-Steffen, aaO.

391 Löffler-Steffen, aaO.

392 BVerfGE 30, 173 (191).

393 Löffler-Steffen, aaO.

damit als Fiktion und nicht mehr als Tatsachenbehauptung dar. Etwas anderes könnte gelten, wenn es sich um eine unzureichend verfremdete Geschichte mit realem Ausgangspunkt handelt[394], wie sie hier vorliegt. Jedoch fehlt es bei einem Fernsehfilm an einer periodischen Ausstrahlung. Das periodische Erscheinen ist aber zwingende Voraussetzung des Gegendarstellungsanspruches[395].

Aus diesem Grund bleibt dem Ehepaar Dewevre ein Gegendarstellungsanspruch gegen den Fernsehfilm nach deutschem Recht verwehrt.

III) Anspruch auf Unterlassung analog §§ 823 I, 862, 1004 I 2 BGB

Weitere Möglichkeit, gegen die Buchveröffentlichung vorzugehen, ist ein Unterlassungsanspruch. Ein Unterlassungsanspruch gegen Persönlichkeitsverletzungen aus Buchveröffentlichungen besteht nicht direkt, da der Gesetzgeber von der Anerkennung eines Allgemeinen Persönlichkeitsrechts und daraus resultierender Ansprüche bewusst abgesehen hat[396].

Der Anspruch aus § 1004 I, Satz 2 BGB stellt einen Unterlassungsanspruch dar, und ist nicht auf Schadenersatz gerichtet, so dass § 823 I BGB als unmittelbare Anspruchsgrundlage nicht herangezogen werden kann, obwohl nach der Rechtsprechung des Bundesgerichtshof das Allgemeine Persönlichkeitsrecht als sonstiges Recht im Rahmen des § 823 I BGB anerkannt ist[397]. Es müssen jedoch dem Individuum vor allem Instrumente im Kampf gegen die oft übermächtig empfundenen Medien zur Verfügung gestellt werden[398]. Insofern besteht eine plan- und systemwidrige Regelungslücke und damit ein Analogiebedürfnis für einen Unterlassungsanspruch. Dieser wird daher materiellrechtlich auf eine analoge Anwendung der §§ 823, 862, 1004 I, Satz 2 BGB gestützt[399], die jegliche Störung unterbinden wollen und damit nicht auf Tatsachenbehauptungen beschränkt sind.

Voraussetzung für einen Unterlassungsanspruch wegen Persönlichkeitsverletzung ist die Verletzung der vom Schutzbereich des § 823 I BGB umfassten Rechtsfigur des Allgemeinen Persönlichkeitsrechts[400]. Als quasi-negatorischer

394 BGHZ 50, 133 (146) – Mephisto I.

395 Scholz, Jura 1986, 19 (20); Löffler/Ricker, 6. Abschn., 25. Kap., I, 1, S. 140.

396 Münchener Kommentar-Schwerdtner, § 12, Rnr. 155.

397 Jauernig-Teichmann, § 823, Rnr. 13; Erman-Schiemann, § 823 Rnr. 48.

398 Erman-Schiemann, vor § 823, Rnr. 13.

399 Löffler/Ricker, 9. Abschn. 44. Kap. I), 1), Rnr. 1, S. 318; Ricker, NJW 1990, 2097 (2098).

400 BGHZ 13, 334 (338) – Leserbriefe; 15, 249 (257); 24, 200 (208) –Spätheimkehrer; 20, 345 (351); 24, 72 (76); 26, 349 (354) -Herrenreiter; 27, 284 (285); 30, 7 (11) –

Anspruch ist für den Unterlassungsanspruch analog § 1004 I, Satz 2 BGB nur die Darlegung der Rechtswidrigkeit erforderlich, eines Verschuldensnachweises bedarf es nicht[401]. Allerdings ist dieser Anspruch höchstpersönlicher Natur, so dass er grundsätzlich nur von dem Betroffenen selbst geltend gemacht werden kann[402]. Anderes gilt, wenn der Hinterbliebene ein eigenes wirtschaftliches Interesse an der Geltendmachung des Unterlassungsanspruchs hat[403].

Dieses eigene wirtschaftliche Interesse ist bei den Eltern von Brigitte Dewevre nicht vorhanden, denn es liegen keine Anhaltspunkte vor, nach denen der Ruf der Tochter wirtschaftliche Auswirkungen auf das Leben der Eltern habe.

Ähnliches gilt für die Hinterbliebenen Francois Mitterands. Auch hier ist nicht ersichtlich, inwiefern die Enthüllungen über ihren Ehemann und Vater eigene wirtschaftliche Interessen berühren. Somit bliebe ihnen grundsätzlich ein Unterlassungsanspruch verwehrt.

Jedoch kann ein Unterlassungsanspruch von Erben dann noch geltend gemacht werden, wenn die Voraussetzungen einer postmortalen Persönlichkeitsverletzung vorliegen[404].

1) Der postmortale Persönlichkeitsschutz nach deutschem Recht

Nach der Rechtsprechung des Bundesverfassungsgerichts endet die persönliche Ehre und damit auch das Allgemeine Persönlichkeitsrecht mit dem Tode des Menschen[405], da ein Persönlichkeitsrecht als Abwehrrecht nur den Lebenden zukommen kann[406]. Eine konsequente Anwendung diese Grundsatzes würde zur gänzlichen Schutzlosigkeit von Ehre und Ruf Verstorbener führen, wie es auch von den Stimmen in der Literatur gefordert wird, die einen postmortalen Per-

---

Caterina Valente; 31, 308, – Burschenschaft; 35, 363 (365) – Ginsengwurzel; 39, 124 (129) – Fernsehansagerin; GRUR 1965, 256 (257) – Gretna Green; Schack GRUR 1985, 352 (352).

401 Soehring, Teil III), § 30, 1, a), Rnr. 30.4, S. 530.

402 BGH NJW 1952, 660 = GRUR 1952, 410 (416) – Constanze I; BGH NJW 1981, 2062 (2063) = GRUR 1981, 297 (298) – Anne Frank.

403 BGH NJW 1981, 2062 = GRUR 1981, 297 – Anne Frank.

404 Soehring, Teil III), § 30, 1, a), Rnr. 30.5, S. 530.

405 BVerfGE 30, 173 (194) = AfP 1971, 119 (121) = NJW 1971, 1645 (1647) – Mephisto; Wenzel, 2. Teil, 5. Kap., C, II, 1, Tz. 5.162, S. 162; Hubmann, IV, § 49, S. 341.

406 Bieler, JR 1976, 224 (224).

sönlichkeitsschutz ablehnen[407]. Im Ergebnis kann von Schutzlosigkeit keine Rede sein[408].

Zum einen wenden Bundesgerichtshof und Bundesverfassungsgericht den Grundsatz vom Ende des Persönlichkeitsrechts nach dem Tode nur mit Einschränkungen an[409]. Zum anderen finden sich an zwei Stellen gesetzliche Ausprägungen des postmortalen Persönlichkeitsschutzes: In § 189 StGB und § 22 S. 2 KUG.

Durch § 189 StGB wird das Andenken an den Verstorbenen unter besonderen strafrechtlichen Schutz gestellt, womit der Gesetzgeber grundsätzlich anerkannt hat, dass zwar die Ehre des einzelnen, die durch die allgemeineren Tatbestände der §§ 185 ff StGB geschützt ist, mit dem Tode endet, dann aber der strafrechtliche Schutz des Andenkens an Verstorbene nach einer besonderen gesetzlichen Begründung verlangt.

Gemäß § 22 Satz 2 KUG endet das Recht am eigenen Bild erst zehn Jahre nach dem Tode, womit der Gesetzgeber im Rahmen des Rechts am eigenen Bild anerkannt hat, dass es eines gewissen über den Tod des Verstorbenen hinauswirkenden Schutzes bedarf[410].

Allerdings wird auch außerhalb dieser spezialgesetzlichen Regelungen von der Rechtsprechung des Bundesverfassungsgerichts[411] und der Zivilgerichte dem Verstorbenen ein postmortaler Persönlichkeitsschutz zugesprochen[412], wenn schwerwiegende Verletzungen des Lebensbildes[413] oder andere schwere Verletzungen auftreten, die bei Lebenden als Verletzung der Menschenwürde zu qualifizieren wären[414]. Dieser Rechtsschutz von Angehörigen wird entweder damit begründet, dass dem Verstorbenen selbst ein postmortaler Schutz seiner Persönlichkeit gegen grob ehrverletzende Entstellungen seines Lebensbildes zu-

---

407 Schwerdtner, Persönlichkeitsrecht, Teil C, II, S. 104, Teil C, II, 3, S. 111; Stein, FamRZ 1986, 7 (8, 10).

408 Soehring, Teil II), § 13, 1, b), Rnr. 13.6, S. 251; Nikoletopoulos, § 1, II, S. 11, Lehmann, 2. Teil, § 5, III, S. 70.

409 Knellwolf, 1. Teil § 3, II), S. 10.

410 Soehring, Rnr. 21.1, S. 377.

411 BVerfGE 30, 173 (194) = AfP 1971, 119 (121)= NJW 1971, 1645 (1647) Mephisto.

412 Knellwolf, ZUM 1997, 783 (783).

413 BGH NJW 1968, 1773 (1774) = GRUR 1968, 552 (554) – Mephisto; BGH NJW 1974, 1371 (1371) = GRUR 1974, 797 (798) – Fiete Schulz; BGH GRUR 1984, 907 (907) – Frischzellenkosmetik.

414 OLG Hamburg AfP 1983, 466 (468) ; Wenzel Tz. 5.102; Palandt-Sprau, § 823, Rnr. 90.

stehe[415] oder damit, dass ein Recht der Hinterbliebenen selbst[416], der sogenannte postmortale Andenkenschutz oder Achtungsanspruch[417], bestünde. Hergeleitet wird dieser Rechtschutz aus der allgemeinen Rechtspflicht, die Würde des Verstorbenen zu achten[418].

Daher stellt sich auch beim postmortalen Persönlichkeitsschutz deutscher Prägung die Frage, wer diesen Rechtsschutz geltend machen kann.

Diejenigen, die den Angehörigen einen eigenen Anspruch wegen Verletzung des Andenkenschutzes zuerkennen, nehmen unproblematisch eine Klagebefugnis aus verletztem eigenen Recht an[419], während nach der Rechtsprechung entweder die zu Lebzeiten dazu Berufenen oder die nahen Angehörigen des Verstorbenen dazu berechtigt sind [420], was nicht unbedingt mit Erben gleichzusetzen ist[421].

Hieraus folgt, dass sowohl die Eltern der Brigitte Dewevre als auch Ehefrau und Kinder François Mitterands als nahe Angehörige auch nach deutschem Recht berechtigt sind, auch im Rahmen eines Unterlassungsanspruches analog §§ 823 I, 862, 1004 I 2 BGB grundsätzlich den postmortalen Persönlichkeitsschutz ihrer Tochter, ihres Ehemanns oder Vaters wahrzunehmen.

2) Vorliegen einer rechtswidrigen Persönlichkeitsverletzung

Voraussetzung für einen Unterlassungsanspruch analog §§ 823 I, 862, 1004 I 2 BGB ist, dass eine rechtswidrige Beeinträchtigung des Allgemeinen Persönlichkeitsrechts vorliegt[422].

Dieser Anspruch ist nicht nur auf die Verbreitung von Tatsachenbehauptungen beschränkt[423], sondern erfasst auch Werturteile. Das Allgemeine Persönlichkeitsrecht beinhaltet das Recht des Einzelnen auf Achtung seiner Menschenwürde und auf Entfaltung seiner Individualität[424]. Dieses Recht auf Achtung der Menschenwürde eines anderen wird verletzt, wenn entweder falsche Tatsachenbe-

415 BGHZ 50, 133 (135) – Mephisto.
416 Rüthers/Berghaus, JZ 1987, 1093 (1095).
417 Soehring, Rnr. 13.8, S. 251.
418 BGH NJW 1968, 1773 (1774) – Mephisto; vgl. zum Ganzen: Schulze Wessel, S. 54 f.
419 Rüthers/Berghaus, JZ 1987, 1093 (1095).
420 BGHZ 50, 133 (139 – 140) – Mephisto; BGH NJW 1974, 1371 (1371); Hubmann IV, § 49, S. 346;
421 Heldrich, in FS Lange II), 3) S. 171; Palandt-Sprau, § 823, Rnr. 90.
422 BGHZ 14, 168 (173) = JZ 1954, 747 (748) – Constanze II.
423 Löffler/Ricker, 9. Abschn., 44. Kap., I), Rnr. 1, S. 318.
424 BVerfGE 65, 1 (41); BGHZ 24, 72 (76) = NJW 1957, 1146 (1147) – Krankenpapiere; Jauernig-Teichmann, § 823, Rnr. 65.

hauptungen aufgestellt werden, die dann aber auch später noch zu betrachtende Widerrufsansprüche auslösen können, oder rechtswidrige Werturteile verbreitet werden. Daraus folgt, dass die Rechtswidrigkeit der Verletzung positiv festgestellt werden muss[425]. Denn ein Unterlassungsanspruch analog § 1004 I 2 BGB, der auf einer Verletzung des Rahmenrechts Allgemeines Persönlichkeitsrecht fußt, kann Grundrechtspositionen erheblich einschränken[426].

M. Desgraupes ließ seine Schilderung in Romanform von der Edition Grasset et Fasquelle herausgeben und als Fernsehfilm ausstrahlen, so dass „Non lieu" sowohl als Film als auch als Roman von der durch Artikel 5 III 1 GG garantierten Kunstfreiheit und der Rundfunkfreiheit aus Artikel 5 I GG erfasst ist. Daher ist eine Abwägung zwischen den von Artikel 5 GG geschützten Rechtspositionen und der durch Artikel 1 I GG geschützten Persönlichkeit im Sinne der Wechselwirkungslehre des Bundesverfassungsgerichts notwendig[427].

Beim Persönlichkeitsschutz wird in drei Sphären unterschieden, in denen sich das Leben des einzelnen vollzieht, so dass auch der Schutz der Persönlichkeit unterschiedlich intensiv ausgestaltet ist[428]:

Die drei Sphären sind die Sozialsphäre, die den Menschen in seiner Beziehung zur Umwelt insbesondere in seinem beruflichen Wirken oder seiner sonstigen Tätigkeit umfasst; die Privatsphäre, womit der der Öffentlichkeit entzogene häusliche, familiäre Bereich gemeint ist[429]; schließlich die Intimsphäre, welche die innere Gedanken- und Gefühlswelt sowie Angelegenheiten beinhaltet, die grundsätzlich nicht weitergegeben werden dürfen[430]. Der Rechtsschutz wird demnach immer intensiver, je weiter sich der Eingriff der Intimsphäre annähert.

Als Rechtfertigungsgrund kommt die Befriedigung eines ernsthaften Informationsinteresses der Öffentlichkeit in Betracht[431], der aber nie einschlägig sein kann, sofern lediglich ein Unterhaltungs- oder Sensationsinteresse befriedigt wird[432]. Wie dargestellt, umfasst das Persönlichkeitsrecht insbesondere die Intimsphäre, für die ihrer Natur nach ein Geheimhaltungsanspruch besteht[433], wie

---

425 Rüthers/Berghaus, JZ 1987, 1093 (1096); Hirsch Ballin, UFITA Bd. 59 (1971), 21 (25).
426 BVerfGE 30, 173 (198) – Mephisto.
427 BVerfGE 7, 198 (208) – Lüth; 30, 173 (197) – Mephisto.
428 Löffler /Ricker, Abschn. 9, Kap. 42, I), 2), Rnr. 6, S. 287.
429 Ricker, NJW 1990, 2097 (2098).
430 Hager, AcP 196, (1996), 169 (203).
431 Löffler/Ricker, Abschn. 9, Kap. 41, III), Rnr. 9, S. 278.
432 BVerfGE 34, 269 (283) – Soraya; OLG Hamburg AfP 1992, 376 (377).
433 OLG Oldenburg AfP 1983, 401 (401); OLG Köln AfP 1973, 477 (478); BGH AfP 1988, 30 (30); BGH ZUM 1992, 38 (39); BGH NJW 1988, 1016 (1017); BVerfGE 6, 32 (41).

es beispielsweise für das Sexualleben des einzelnen gilt[434]. Die Intimsphäre gilt als absolutes Rechtsgut[435], das einer öffentlichen Darstellung gänzlich verschlossen ist, so dass die Interessenabwägung im Rahmen der Rechtswidrigkeit eines Eingriffs stets zugunsten der Intimsphäre ausfallen muss[436].

Der Autor berichtet in seinem Werk „Non Lieu" von den sexuellen Neigungen des Opfers. Dies allein vermag noch keinen Eingriff in die Intimsphäre realer Personen zu begründen. Allerdings gibt der Autor den Hinweis auf den bekannten Fall sowie seiner Umstände. Zwar verdeutlicht er den fiktiven Charakter seiner Ausführungen, unterlässt es dabei aber, die Geschichte so zu verfremden, dass ein Bezug auf die reale Person ausgeschlossen werden konnte. Verbunden mit den Gerüchten, die über angebliche homosexuelle Neigungen des tatsächlichen Opfers im Umlauf waren, ergibt sich eine Verfälschung des Lebensbildes der Brigitte Dewevre: Dem unbefangenen Leser beziehungsweise Zuschauer muss sie als tatsächlich homosexuell erscheinen. Dieser Bericht über sexuelle Neigungen berührt die Intimsphäre der Betroffenen.

Jedoch findet dieser Bericht im Rahmen eines Romans statt, so dass sich die Frage stellt, ob auch aus einem Werk mit fiktivem Inhalt Persönlichkeitsverletzungen resultieren können. Denn auch der künstlerische Rahmen darf nicht dazu führen, dass künstlerisches Schaffen schrankenlos ausgeübt wird[437]. Das Recht zur freien künstlerischen Betätigung findet seine Grenze im ebenfalls verfassungsrechtlich garantierten Persönlichkeitsrecht[438]. Wird jedoch das Lebensbild einer bestimmten Person, die erkennbar als Vorbild gedient hat, durch frei erfundene Zutaten grundlegend negativ dargestellt, ohne dass dies als satirische oder sonstige Übertreibung erkennbar ist, so ist die Grenze der zulässigen künstlerischen Betätigung überschritten[439].

Der Autor beschreibt sexuelle Neigungen, denen es an jeglicher Grundlage mangelt. Homosexualität stellt sich jedenfalls für die Durchschnittsbevölkerung als nicht normales Sexualverhalten und daher als negativ dar. Die Verbreitung des Romans „Non lieu" als Buch und Film ist daher als Persönlichkeitsverletzung anzusehen.

Die Verletzung ist rechtswidrig, da ein Informationsinteresse der Allgemeinheit an den unterstellten Neigungen und damit die Wahrnehmung eines berechtigten Interesses durch den Autor, seines Verlages oder der Fernsehgesellschaft

---

434 BGH NJW 1988, 1984 (1985).

435 BGHZ 73, 120 (124); NJW 1981, 1366 (1366); NJW 1988, 1984 (1985).

436 OLG Frankfurt AfP 1990, 229 (230); OLG Hamburg AfP 1991, 533 (533); OLG München AfP 1991, 534 (535); OLG Hamburg ZUM 1992, 145 (146).

437 BGHZ 50, 133 (146) – Mephisto; BVerfGE 30, 173 (193).

438 BGHZ 50, 133 (146) – Mephisto.

439 BGHZ 50, 133 (147) – Mephisto.

Antenne 2 nicht nachgewiesen werden kann und, selbst wenn es denn bestünde, hinter der Schutzwürdigkeit der Intimsphäre Dritter zurückstehen muss.

Hinsichtlich des Buches „Le grand secret" folgt die Persönlichkeitsverletzung gegenüber den Hinterbliebenen selbst aus den Schilderungen ihrer privaten Misere. Dies ist als Eingriff in die Privatsphäre zu werten. Das Buch hat diesbezüglich in erster Linie Sensationscharakter, so dass der Rechtfertigungsgrund des Informationsinteresses der Öffentlichkeit hier nicht durchgreifen werden kann.

Die Krankheit eines anderen gilt als Angelegenheit, die grundsätzlich nicht weitergegeben werden darf, was die ärztliche Schweigepflicht konkretisiert, und berührt somit die Intimsphäre, in die als absolutes Rechtsgut nicht eingegriffen werden darf. Eine rechtswidrige Beeinträchtigung des Allgemeinen Persönlichkeitsrechts liet daher auch unter diesem Aspekt vor.

3) Störereigenschaft von Autoren, Verlage und Fernsehgesellschaft

Weiterhin müssten Autoren, Verlage und Fernsehgesellschaft Störer nach § 1004 I 2 BGB sein, um von den Klägern in Anspruch genommen werden zu können.

Hierbei wird zwischen Handlungs- und Zustandsstörer unterschieden. Handlungsstörer im Sinne von § 1004 I 2 BGB ist immer der Einwirkende selbst[440]. Zustandsstörer ist, wer die tatsächliche Sachherrschaft über einen beeinträchtigenden Zustand hat[441], also auch derjenige, der die störende Einwirkung Dritter adäquat ursächlich veranlasst hat und sie verhindern kann[442]. Der Veranlasser muss beweisen, dass er alles Zumutbare getan hat, um die konkrete Persönlichkeitsverletzung auszuschließen[443].

Hiernach ist Pierre Desgraupes Handlungsstörer: Er ist Autor des Werkes und hatte damit Sorge zu tragen, die Geschichte so zu verfremden, dass keine Ähnlichkeit mit dem Fall in Bruay-en-Artois mehr vorhanden war oder zumindest nicht mehr offensichtlich zu Tage treten konnte, um somit eine postmortale Persönlichkeitsverletzung von Brigitte Dewevre zu vermeiden.

Gleiches gilt für Herrn Gubler, der als Autor eines Tatsachenberichts, Sach- oder Enthüllungsbuchs rechtswidrig erworbene persönlichkeitsrechtsverletzende Informationen der Öffentlichkeit zugänglich macht.

---

440 Münchener Kommentar-Medicus, §1004, Rnr. 48.

441 Baur/Stürner, § 12, III, 2, S. 110, 111.

442 BGH JZ 1960, 701 (702) – La Chatte; BGHZ 106, 229 (235); AK-Kohl, § 1004, Rnr. 50; Erman-Ebbing, § 1004, Rnr. 108.

443 Palandt-Bassenge, § 1004, Rnr. 17; AK-Kohl, § 1004, Rnr. 50; v. Gamm, Rnrn. 60, 61, S. 44 – 45.

Zwar ist das Publizieren rechtswidrig erlangter Informationen nicht per se ein rechtswidriger Eingriff in die Persönlichkeit des Betroffenen. Ist jedoch der Publizierende selbst am Rechtsbruch beteiligt, so hält die Rechtsprechung eine Veröffentlichung nur dann für gerechtfertigt, wenn, es um Missstände von erheblichen Gewicht geht, an deren Aufdeckung ein überragendes öffentliches Interesse besteht[444]. Ein überragendes öffentliches Interesse am Gesundheitszustand eines mittlerweile verstorbenen Präsidenten im Zeitpunkt seines Amtsantrittes ist allerdings nicht zu erkennen.

Der Verlag Grasset et Fasquelle ist demnach als Störer passivlegimitiert, weil er keine Maßnahmen vorgenommen hat, um eine Persönlichkeitsverletzung der Brigitte Dewevre zu verhindern. Er hätte auf den Autor einwirken können, die Geschichte hinreichend zu verändern. Die Fernsehgesellschaft ihrerseits hätte die Möglichkeit gehabt, bei der Bearbeitung des Romans für das Fernsehen das Geschehen so zu verfremden, dass es nicht mehr als das Schicksal der Brigitte Dewevre hätte wiedererkannt werden können. Auch hätten sie bei Veröffentlichung beziehungsweise Ausstrahlung des Filmes wegen der in Frage stehenden Persönlichkeitsverletzung auf den Hinweis verzichten können, dass Ausgangspunkt des Romans der Fall in Bruay-en-Artois war. Somit sind der Verlag und die Fernsehgesellschaft Zustands- und Verhaltensstörer im Sinne des § 1004 I BGB.

Der Verlag Plon hat ein Buch veröffentlicht, das auf rechtswidrig erworbenen Informationen basiert, Es trifft ihn der Vorwurf, die Rechtmäßigkeit der Informationsbeschaffung nicht in zumutbarer Weise überprüft zu haben. Im Fall „Le grand secret“ wäre dies dem Verlag auch zumutbar gewesen, weil es ohne besonderen Aufwand möglich gewesen wäre, sich die Befreiung von der ärztlichen Schweigepflicht vorlegen zu lassen. Der Verlag ist daher Zustandsstörer.

4) Wiederholungsgefahr

Letzte Voraussetzung des Anspruchs ist das Bestehen der Gefahr, dass sich die Persönlichkeitsverletzung wiederholen kann, einer Gewissheit bedarf es nicht[445].

Die Wiederholungsgefahr ergibt sich daraus, dass mit jedem Neuverkauf des Buches der Kreis derer, die von dem verzerrten Lebensbild der Brigitte Dewevre erfahren, immer größer wird. Dementsprechend liegen hier die Voraussetzungen für einen Unterlassungsanspruch analog § 1004 I 2 BGB vor.

---

444 BverfGE 66, 116 (139); BGH NJW 1998, 2141 (2143).

445 BGHZ 14, 163 (167); BGH GRUR 1973, 208 (209); OLG Celle AfP 1977, 345 (345); Münchener Kommentar-Medicus, § 1004, Rnrn. 95, Jauernig-Jauernig, § 1004, Rnr. 11.

Ähnliches gilt auch für das Buch „Le grand secret“: Die rechtswidrig erlangten Informationen werden einem immer größerem Leserkreis zugänglich. Gleichzeitig vergrößert sich der Kreis derer, die erfahren, wie die Angehörigen mit der Situation umgingen, Vater und Ehemann bald zu verlieren und dies nicht öffentlich machen zu dürfen.

5) Rechtsfolge der §§ 823 I, 862, 1004 I, Satz 2 BGB analog

Rechtsfolge eines Unterlassungsanspruchs analog § 1004 I, Satz 2 BGB ist das zukünftige Unterlassen der Persönlichkeitsverletzung. Verlag und Autor haben daher alles zu unternehmen, was geeignet und erforderlich ist, die konkrete Persönlichkeitsverletzung künftig zu vermeiden.

Dies könnte hinsichtlich des Romans „Non Lieu“ zum Beispiel in einem Vorspann liegen, der die Fiktion der Heldin des Romans beziehungsweise des Films, vor allen Dingen ihrer Intimsphäre, hervorhebt und den Hinweis unterlässt, dass Ausgangspunkt des Romans der Fall in Bruay-en-Artois war.

Andere mögliche Rechtsfolge könnte ein vollständiges Veröffentlichungsverbot sein[446]. Allerdings müsste sich dafür der Roman „Non lieu“ als Schmähkritik[447] darstellen, wofür keine Anhaltspunkte vorliegen. Ein Veröffentlichungsverbot für den Roman „Non lieu“ wäre demnach mit dem Prinzip der Verhältnismäßigkeit nicht vereinbar.

Einem Veröffentlichungsverbot des Buches „Le grand secret“ würde auch nach deutschen Recht nichts entgegenstehen: Die Möglichkeit eines klarstellenden Vorspanns ist bei einem auf wahren Tatsachen basierendem Enthüllungsbuch nicht vorstellbar. Ein Veröffentlichungsverbot stellt die einzige Art dar, wie einerseits der Kreis derjenigen, die von den zutiefst privaten Gefühlen wie Ohnmacht und Trauer der Angehörigen schon während der Krankheit des Präsidenten erfahren, begrenzt bleibt. Andererseits steht dem Autor eines solchen Enthüllungsbuches, das noch dazu unter Missachtung der ärztlichen Schweigepflicht entstand, keine schützenswerte Grundrechtsposition zur Verfügung, weil die Detailgenauigkeit der Krankheitsbeschreibung einzig mit Sensationsinteresse zu erklären ist. Zur reinen Aufklärung hätte es genügt, zu beschreiben, dass Präsident Mitterand überhaupt erkrankt war. Diese Buch allerdings hätte kaum Absatz gefunden, denn François Mitterand selbst hatte seine Krankheit am Ende seiner letzten Regierungsperiode bekannt gegeben, als diese Tatsache nicht mehr zu verschweigen war.

---

446 BGHZ 50, 133 (146) – Mephisto.
447 BVerfGE 30, 173 (199) – Mephisto.

IV) Widerrufsanspruch analog §§ 823 I, 249 I, 1004 I, Satz 2 BGB

Der Anspruch auf Beseitigung fortdauernder widerrechtlicher Beeinträchtigungen unterliegt annähernd denselben Voraussetzungen wie der Unterlassungsanspruch analog § 1004 I, Satz 2 BGB[448]. Während die Rechtsprechung früher für einen Widerrufsanspruch die rechtswidrige und schuldhafte Verwirklichung eines Deliktstatbestandes (§ 823 II BGB in Verbindung mit §§ 186, 187 StGB, 824, 826 BGB) verlangte, ist heute anerkannt, dass der quasi-negatorische Widerrufsanspruch kein Verschulden des Störers voraussetzt[449].

Der Widerrufsanspruch ist demnach unter folgenden Voraussetzungen gegeben: Zum einen muss ein dauernder Störungszustand bestehen, der sich für den Verletzten als eine stetig neu fließende und fortwirkende Quelle der Schädigung und Ehrverletzung darstellt[450]. Zum anderen muss der Widerruf notwendig und geeignet sein, den Störungszustand zu beseitigen.

Auf eine Wiederholungsgefahr wie beim Unterlassungsanspruch kommt es nicht an. Es genügt, dass die behauptete Tatsache objektiv unwahr oder nicht erweislich wahr ist und die dadurch für den Betroffenen eingetretene Beeinträchtigung fortwirkt[451].

Folglich ist der Widerrufsanspruch anders als der Unterlassungsanspruch ausschließlich auf Tatsachenbehauptungen beschränkt[452]. Die Beschränkung des Widerrufsanspruches auf Tatsachen erfolgt deswegen, weil niemand dazu gezwungen werden darf, eine Meinung widerrufen zu müssen[453]. Eine solche Verpflichtung zum Widerruf wäre ein klarer Verstoß gegen die in Artikel 5 I GG geschützte Meinungsfreiheit.

Die Brigitte Dewevre im Roman „Non Lieu" und seiner Fernsehbearbeitung mitgeteilten Neigungen werden hier zwar als Tatsachenbehauptungen betrachtet[454]. Jedoch müsste zusätzlich zur erwiesenen Unwahrheit der Tatsachenbehauptung der Widerrufsanspruch zur Beseitigung einer fortdauernden Rufbeeinträchtigung des Betroffenen erforderlich sein.

---

448 Erman-Ebbing, § 1004, Rnr. 152.
449 BGHZ 10, 104 (106).
450 BGHZ 10, 104 (104, 105); 34, 99 (102).
451 Erman-Ebbing, § 1004, Rnr. 157.
452 Löffler/Ricker, 9. Abschn., Kap. 44, II), Rnr. 16, S. 323; RGZ 148, 114 (123); BGHZ 34, 99 (102); 10, 104 (105); 14, 163 (173); 31, 308 (308);65, 325 (327); 128, 1 (10) – Caroline I; BGH GRUR 1969, 236 (238); GRUR 1969, 555 (558); GRUR 1978, 258 (259).
453 BGH NJW 1974, 1371 (1371); GRUR 1974, 797 (798) – Fiete Schulze.
454 Siehe oben: D, II.

Hierbei muss zwischen den verschiedenen Interessen des Betroffenen, seinen Ruf wiederhergestellt zu sehen, und den Interessen der Medien abgewägt werden. Die Erforderlichkeit wird daher dann abgelehnt, wenn dem in seiner Persönlichkeit Verletzten ein schonenderes Mittel als der Widerruf zur Verfügung steht[455]. Ein Beseitigungsanspruch stellt ein milderes Mittel gegen die Persönlichkeitsbeeinträchtigung dar, so dass ein Widerrufsanspruch hier nicht erforderlich ist. Daher dringt das Ehepaar Dewevre mit diesem Widerrufsanspruch auch vor einem deutschen Gericht nicht durch.

Auch die Hinterbliebenen François Mitterands wäre kein Erfolg beschieden. Das Buch enthält ausschließlich wahre Tatsachenbehauptungen, so dass ein Widerruf dem Autor von „Le grand secret" nicht zugemutet werden kann.

V) Anspruch auf Veröffentlichung des Unterlassungsurteils

Voraussetzung des Unterlassungsveröffentlichungsanspruchs[456] ist das Bestehen eines Unterlassungsanspruches. Allerdings löst ein solcher Unterlassungsanspruch nicht automatisch den Anspruch auf Veröffentlichung des Unterlassungsurteils aus, sondern unterliegt eigenen zusätzlichen Voraussetzungen[457].

Da der Anspruch auf Veröffentlichung des Unterlassungsurteils für den Anspruchsgegner in seiner Wirkung wie auch in seinem Zweck stark einem öffentlichen Widerruf angenähert ist[458], sind strenge Anforderungen an ihn zu stellen. Wie beim Widerruf müssen auch hier die widerstreitenden Interessen zu einem Ausgleich gebracht werden.

Wie der Bundesgerichtshof im Farthmann-Urteil[459] festgestellt hat, muss daher unter Berücksichtigung beider Belange die Zumutbarkeit und die Erforderlichkeit des Anspruches auf Veröffentlichung des Unterlassungsurteils festgestellt werden[460]. Zumutbarkeit wird dann angenommen, wenn eine rechtswidrige Persönlichkeitsverletzung vorliegt, wie sie oben festgestellt wurde[461], und das Verhältnis zwischen Rechtsverletzung und Rechtsfolge gewahrt bleibt.

Die Veröffentlichung des Unterlassungsurteils muss aber auch erforderlich sein. Das wird immer dann abgelehnt, wenn sie zu einer unnötigen Demütigung

---

455 BGH GRUR 1957, 278, (279) – Evidur; BGHZ 14, 163 (176); 66, 182 (189).
456 Flechsig/Hertel/Varenhold, NJW 1994, 2441 (2444).
457 BGHZ 99, 133 (140) = NJW 1987, 1400 (1401) – Farthmann.
458 BGHZ 99, 133 (138) = NJW 1987, 1400 (1401) – Farthmann.
459 BGHZ 99, 133 – 143 – Farthmann.
460 OLG Köln AfP 1985, 223 (225).
461 Siehe oben: D, III, 2

führen würde[462]. Wann eine solche vorliegt, bleibt zwar unklar, doch wird hervorgehoben, dass dem Veröffentlichungsanspruch, wie dem Widerrufsanspruch auch, keine Genugtuungsfunktion erwächst, sondern dass er ausschließlich dazu dient, die bestehende Störung zu beseitigen.

Das Farthmann-Urteil erging allerdings nur für ehrverletzende Schmähkritik und verdeutlicht außerdem, dass die Verpflichtung zur Veröffentlichung eines Unterlassungsurteils nicht auferlegt werden soll, wenn dadurch ein abzulehnender Widerrufsanspruch unterlaufen werde.

Ein Widerrufsanspruch steht den Klägern in allen zu besprechenden Fällen nicht zu. Die im Roman „Non lieu“ zugeschriebenen Neigungen des Mädchen können nach den Sachverhaltsausführungen der Cour de Cassation auch nicht als Schmähkritik bezeichnet werden, so dass auch kein Anspruch auf Veröffentlichung des Unterlassungsurteils besteht.

Dies gilt erst recht für das auf Tatsachen basierende Buch „Le grand secret“.

VI) Entschädigungsansprüche

Mit Anerkennung des Allgemeinen Persönlichkeitsrechts stellte sich die Frage, wie dieses durchgesetzt werden können. Präventions- und Genugtuungsgedanken machen einen Geldentschädigungsanspruch notwendig, um dem Allgemeinen Persönlichkeitsrecht effektiven Rechtsschutz zu ermöglichen[463].

1) Entschädigungsanspruch analog § 847 BGB aF.

§ 847 BGB aF gab bei Körperverletzung oder Freiheitsberaubung im Sinne von § 823 I BGB einen Anspruch auf Schmerzensgeld. Mangels Verletzung dieser Art war eine direkte Anwendung dieser Norm nicht möglich.

Um jedoch dem Allgemeinen Persönlichkeitsrecht zur Durchsetzung zu verhelfen, wandte der Bundesgerichtshof in der Herrenreiter-Entscheidung § 847 BGB aF mit der Begründung analog an, dass die Freiheitsberaubung im Geistigen der im Tatbestand des § 823 I BGB normierten Freiheitsberaubung ähnlich sei[464]. Diese Analogie war nicht unerheblicher Kritik in der Literatur ausge-

---

462 Flechsig/Hertel/Varenhold, NJW 1994, 2441 (2444).
463 Helle, 3, II, S. 6.
464 BGHZ 26, 349 (356).

setzt[465]. Schon im Ginseng-Urteil[466] rückte der Bundesgerichtshof wieder von dieser Analogie ab[467], so dass diese Norm nicht mehr als taugliche Anspruchsgrundlage für Entschädigungsansprüche wegen Persönlichkeitsverletzungen galt.

Nach der letzten Schuldrechtsreform ist eine solche Anspruchsgrundlage nicht mehr möglich, weil sie mit der systemwidrigen Stellung des § 847 BGB aF als Anspruchsgrundlage aufräumte und sich dieser heute wörtlich in der haftungsausfüllenden Norm des § 253 II BGB nF wiederfindet.

2) Entschädigungsanspruch aus § 823 I BGB

Die Kläger können einen Anspruch auf Geldentschädigung aus § 823 I BGB geltend machen.

Im Gegensatz zum Gegendarstellungsanspruch ist hier nur eine Rechtsverletzung Voraussetzung. Daher müssen die Kläger nicht nachweisen, dass falsche Tatsachenbehauptungen bestehen. Sie können sich vielmehr mit dem Beweis begnügen, durch Roman, Film und Enthüllungsbuch in ihren eigenen Persönlichkeitsrechten verletzt worden zu sein. Gilt doch das Allgemeine Persönlichkeitsrecht seit der Leserbriefe-Entscheidung des Bundesgerichtshof[468] als sonstiges, wenn auch subsidiäres Recht im Sinne von § 823 I BGB[469] und ist somit verletzungsfähiges Schutzgut.

Der Bundesgerichtshof hatte die Wirkung des Allgemeinen Persönlichkeitsrechts über den Tod hinaus festgestellt[470]. Daraus resultiert ein eigener Anspruch der Kläger aus dem abgeleiteten postmortalen Persönlichkeitsrecht[471] beziehungsweise aus fortbestehendem Persönlichkeitsrecht[472] der Verstorbenen.

Die Eltern müssen daher eine Verletzung des Andenkens an ihre Tochter geltend machen. M. Desgraupes hatte seiner Heldin im Roman „Non lieu" homosexuelle Neigungen zugeschrieben, was allein noch keine Persönlichkeitsverlet-

---

465 Gounalakis, AfP 1998, 10 (13); Hubmann, V, § 50, S. 353 – 356; Köndgen, § 5, II, S. 67, 68.; Larenz, NJW 1958, 827 (827).

466 BGHZ 35, 363 – 370 – Ginseng.

467 Gounalakis, AfP 1998, 10 (13).

468 BGHZ 13, 334 – 341 – Lesebriefe.

469 BGHZ 13, 334 (338) – Leserbriefe; 15, 249 (257); 24, 200 (208) –Spätheimkehrer; 20, 345 (351); 24, 72 (76); 26, 349 (354) -Herrenreiter; 27, 284 (285); 30, 7 (11) – Caterina Valente; 31, 308 (311) – Burschenschaft; 35, 363 (365) – Ginsengwurzel; 39, 124 (129) – Fernsehansagerin; GRUR 1965, 256, (257) – Gretna Green; Schack GRUR 1985, 352 (352).

470 BGHZ 15, 249 (259) – Cosima Wagner.

471 BGHZ 50, 133 (135) – Mephisto.

472 BVerfGE 30,173 (178) – Mephisto.

zung begründet. Jedoch hatte er mit der Angabe, dass der Fall in Bruay-en-Artois Ausgangspunkt seines ansonsten frei erfundenen Romans sei, die Aufmerksamkeit des Lesers auf die bekannte Affäre und damit auch auf ihr Opfer Brigitte Dewevre gelenkt. In einem ähnlich gelagerten Fall[473] war einem Autor vorgeworfen worden, seine Romanfigur so nahe an der Wirklichkeit konstruiert zu haben, dass ein der Person und seiner Umstände kundiger Leser an die wirkliche Person denken und sie mit den Charaktereigenschaften der Romanfigur identifizieren müsse[474]. Genau dieses Vorgehen wird auch Desgraupes vorgeworfen. Die Bezeichnung „fiktiver Roman" erscheint daher nur als Schutzbehauptung. Er erzählt vom (ungewöhnlichen) Intimleben einer Minderjährigen, was als grober Eingriff in die Intimsphäre erscheint, so dass der Inhalt des Romans als Verletzung des Allgemeinen Persönlichkeitsrechts im Sinne von § 823 I BGB zu qualifizieren ist.

Auch die Veröffentlichung dieses Romans sowie der Fernsehfilm, der sowohl die Eigenschaften der Hauptperson als auch den Hinweis auf den tatsächlichen Fall sowie das daraus resultierende Bild der Brigitte Dewevre unkritisch übernommen hat, sind als Verletzung des Allgemeinen Persönlichkeitsrechts zu werten.

Anderes gilt für das Buch „le Grand secret". Hier sind keine ehrverletzenden Aussagen ersichtlich, zumal ja schon der Präsident selbst eine gewisse Unehrlichkeit hinsichtlich seiner Informationspolitik seine Krankheit betreffend zugegeben hatte. Das Allgemeine Persönlichkeitsrecht schützt aber wie gesehen nicht nur die Ehre und das Ansehen, sondern auch das Privatleben. Eine Verletzung des Allgemeinen Persönlichkeitsrechts liegt hier in der Beschreibung des Gefühlslebens der Angehörigen und in der unautorisierten Veröffentlichung der Krankengeschichte des Verstorbenen.

Weitere Voraussetzung ist die Rechtswidrigkeit der Rechtsverletzung. Die aus einer Behebung einer Persönlichkeitsverletzung resultierende Einschränkung (presserechtlicher) Grundrechtspositionen zwingt grundsätzlich zu einer Abwägung auf Rechtswidrigkeitsebene[475] zwischen den in Artikel 5 GG und Artikel 1 I in Verbindung mit Artikel 2 I GG normierten Schutzbereichen[476]. Da es sich beim Allgemeinen Persönlichkeitsrecht um ein sogenanntes Rahmenrecht handelt, wird die Rechtswidrigkeit nicht durch die Tatbestandsmäßigkeit indiziert[477].

---

473 BGHZ 50, 133 – 147 – Mephisto.

474 BGHZ 50, 133 (141) – Mephisto.

475 BVerfGE 7, 198 (204) – Lüth; 12, 113 (125) – Schmid; BGHZ 45, 296 (307) – Höllenfeuer; Schlechtriem, DriZ 1975, 65 (66); Palandt-Sprau, § 823, Rnr. 95.

476 BVerfGE 30, 173 (197) – Mephisto.

477 Palandt-Sprau, § 823, Rnr. 95.

Ist jedoch ausschließlich die Intimsphäre betroffen, wird diese Abwägung zugunsten des Persönlichkeitsrechts ausfallen[478].

Der Roman „Non Lieu“ verzerrt die Intimsphäre des Mädchens derart, dass die Abwägung der Grundrechtspositionen aus Artikel 5 III S.1 und 1 I, 2 I GG zugunsten des Persönlichkeitsrechts ausfällt.

Das Buch „Le grand secret“ betrifft einerseits das Gefühlsleben der Kläger und andererseits die Krankengeschichte des Verstorbenen. In beiden Fällen sind somit die innere Gedanken- und Gefühlswelt sowie Angelegenheiten betroffen, die grundsätzlich nicht weitergegeben werden dürfen, so dass ein Eingriff in die Privatsphäre der Hinterbliebenen und in die Intimsphäre des Verstorbenen vorliegt[479]. Der Schutz der Intimsphäre jedoch ist absolut, für den Eingriff in die Privatsphäre ist wegen des Sensationscharakters der Veröffentlichung keine Rechtfertigung ersichtlich, so dass die nach Artikel 5 I GG geschützte Veröffentlichungsfreiheit hinter der grundrechtlichen Position der Kläger aus Artikel 1 I in Verbindung mit Artikel 2 I GG zurückstehen muss.

Autoren, die Verantwortlichen der Verlage und die der Fernsehgesellschaft müssen schuldhaft die Persönlichkeitsverletzung herbeigeführt haben. Haftungsmaßstab sind §§ 276 BGB, so dass schuldhaftes Handeln Vorsatz und Fahrlässigkeit umfasst.

Im Fall „Non Lieu“ wurde allen drei Beschwerdeführern zum Vorwurf gemacht, sie hätten die Geschichte um Brigitte Dewevre nicht ausreichend verfremdet und damit die im Verkehr erforderliche Sorgfalt außer acht gelassen. Ein schuldhaftes Handeln in Form von Fahrlässigkeit liegt vor.

Der Autor von „Le grand secret“ hat vorsätzlich Einzelheiten des Gefühlslebens der Kläger an die Öffentlichkeit gebracht und ebenso vorsätzlich die Informationen über die Krankheit des Präsidenten unter Missachtung der ärztlichen Schweigepflicht veröffentlicht. Ein schuldhaftes Handeln in vorsätzlicher Form ist daher gegeben.

Die Verletzung des postmortalen Andenkenschutz müsste adäquat kausal durch Veröffentlichung, Verfilmung und Ausstrahlung der von Desgraupes verfassten Geschichte verursacht worden sein.

Veröffentlichung und Ausstrahlung des Romans „Non lieu“ waren „conditio sine qua non“ für die Verzerrung des Lebensbildes von Brigitte Dewevre. Die aus der Veröffentlichung und Ausstrahlung resultierende Persönlichkeitsverletzung lag auch nicht außerhalb jeder Lebenserfahrung.

---

478 BGHZ 50, 133 (142) – Mephisto; BGH NJW 88, 1984 (1984); Palandt-Sprau, § 823, Rnr. 96.

479 Hager, AcP 196, (1996), 169 (203).

Hier zeigt sich ein deutlicher Unterschied des Enthüllungsbuches „Le grand secret“ zum Roman „Non Lieu“: Das Andenken an François Mitterand wird durch die Enthüllung seiner Krankengeschichte nicht beschädigt, vielmehr muss er als besonders pflichtbewusster Mensch erscheinen, der dem eigenen gesundheitlichen Wohl weniger Wert beimisst als der Fortführung der Regierungsgeschäfte. Trotzdem liegt mit Veröffentlichung aus seinem Intimleben eine rechtswidrige Persönlichkeitsverletzung vor, auch wenn sie nicht sein Andenken beschädigt. Außerdem betreffen die Enthüllungen auch die Privatsphäre der Kläger selbst, so dass sie aus eigenem verletzten Allgemeinen Persönlichkeitsrecht klagen können.

Weitere Voraussetzung ist das Entstehen eines Schaden. Dem könnte zwar § 253 I BGB entgegenstehen, doch wird der Ersatz eines immateriellen Schaden aus Persönlichkeitsverletzung allgemein angenommen, damit der Schutz des Allgemeinen Persönlichkeitsrechts nicht ins Leere laufe[480]. Daher wird das Vorliegen eines Schaden immer dann bejaht, wenn eine schwere Persönlichkeitsverletzung vorliegt und eine Genugtuung durch Unterlassung, Gegendarstellung oder Widerruf nicht zu erreichen ist[481].

Dem Ehepaar Dewevre steht ein Anspruch auf Klarstellung zu, so dass das Vorliegen eines Schaden hier problematisch sein könnte. Allerdings rechtfertigt der Umstand, dass der Verletzte gegen die Beeinträchtigung der Persönlichkeit vor Gericht klagen muss und sein Recht erst nach Jahren durchsetzen kann, eine Entschädigung, da durch derart späte Richtigstellung der Störungszustand für die Vergangenheit nicht mehr beseitigt werden kann[482].

Anderes gilt für die Kläger gegen das Buch „Le grand secret“, die sich nicht auf Verletzung des Andenkens an François Mitterand berufen können. Trotzdem wird man ihnen nicht absprechen können, für die erlittenen eigenen Verletzungen ihrer Persönlichkeitsrechte Genugtuung verlangen zu können. Schließlich können auch ihre in der Vergangenheit erlittenen Verletzungen durch das Veröffentlichungsverbot, das ja erst nach Veröffentlichung ausgesprochen werden kann, nicht beseitigt werden.

Rechtsfolge des grundsätzlich auf Naturalrestitution gerichteten § 823 I BGB ist die Verpflichtung des Schädigers zum Ersatz des durch das schädigende Verhalten entstandenen Schaden. § 253 BGB verdeutlicht, dass der Ersatz eines immateriellen Schaden nur in den vom Gesetz vorgesehenen Fällen zugestanden werden soll. Hiernach wäre ein Schadenersatz wegen der erlittenen immateriellen Schäden nicht über § 823 I BGB zu erreichen. Allerdings wird schon das Recht-

480 Helle, 3, II, S. 6.
481 Palandt-Sprau, § 823, Rnr. 124.
482 BGHZ 66, 182 (194).

sinstitut des Allgemeines Persönlichkeitsrecht und seine Qualifikation als sonstiges Recht im Sinne von § 823 I BGB als zulässige Erweiterung angesehen[483], aus der logischerweise eine Erweiterung auf immaterielle Schäden folgen müsse, da sonst ein Schutz des Allgemeines Persönlichkeitsrecht ins Leere laufen würde[484].

Nach der großen Schuldrechtsreform könnte erneut die Frage gestellt werden, ob der Ersatz eines immateriellen Schaden aufgrund von Persönlichkeitsverletzungen verfassungsmäßig ist: § 847 BGB aF, der die Fälle abschließend aufzählte, in denen ein immaterieller Schaden zu ersetzen sei, findet sich heute wortgleich in der den Schadenumfang beschreibenden Norm § 253 II BGB. Daraus dass der Gesetzgeber es unterließ, den äußerst restriktiven § 847 BGB aF auch auf Verletzungen des Allgemeinen Persönlichkeitsrechts zu erstrecken, könnte man schließen, er habe eben diesen Schutz explizit nicht gewähren wollen. Dies würde aber wieder zur gänzlichen Schutzlosigkeit des in seiner Persönlichkeit verletzten Individuums gegenüber einer als übermächtig empfundenen Presse führen und kann daher nicht dem gesetzgeberischen Willen entsprechen.

Nachdem der Bundesgerichtshof Entschädigungsansprüche nicht mehr auf eine Analogie zu § 847 BGB stützen kann, wendet er § 823 I BGB unmittelbar an und leitet einen Entschädigungsanspruch aus Artikel 1, 2 GG her, was er mit der wertsetzenden Bedeutung der Artikel 2 I, 1 I GG und einer verfassungskonformen Auslegung des § 847 aF BGB, jetzt § 253 II BGB, begründet[485]. In den Entscheidungen, die eine Verletzung des Allgemeinen Persönlichkeitsrechts behandeln, hebt der Bundesgerichtshof den hier besonders interessierenden Aspekt der Genugtuungsfunktion dieser Geldentschädigung hervor[486], woraus auch die Eigenständigkeit dieser Entschädigung resultiert[487]. Diese Rechtsprechung fand Zustimmung beim Bundesverfassungsgericht[488]. Jedoch folgt aus der Genugtuungsfunktion dieser Geldentschädigung, dass eine billige Entschädigung in Geld postmortaler Persönlichkeitsverletzungen ausscheidet, da der Satisfaktionsgedanke bei dem Verstorbenen keine Wirkung mehr entfaltet[489].

Das Ehepaar Dewevre wehrt sich gegen die Verletzung des Andenkens an ihre Tochter, macht also den postmortalen Persönlichkeitsschutz derselben geltend

---

483 Weitnauer, DB 1976, 1413 (1417).
484 Helle, 3, II, S. 6.
485 BGHZ 35, 363 (367) – Ginseng; Gounalakis, AfP 1998, 10 (13).
486 BGHZ 26, 349 (353) – Herrenreiter; 35, 363 (367) – Ginseng; BGH NJW 1996, 984 (985) – Caroline II; NJW 1996, 985 (987) – Caroline III (Bild des achtjährigen Sohnes).
487 BGH NJW 1997, 1148 (1150).
488 BVerfGE 34, 269 (292) – Soraya.
489 BGH NJW 1974, 1371 (1371).

und verlangt den Ersatz des immateriellen Schaden. Diese Entschädigung mit Genugtuungsfunktion kann aber nach dem eben Dargestellten keine Satisfaktiionswirkung mehr entfalten, da die eigentlich betroffene Person verstorben ist. Daher würde ein deutsches Gericht dem Ehepaar keine Geldentschädigung aus Verletzung des postmortalen Persönlichkeitsschutz ihrer Tochter zusprechen können. Gleiches gilt für die Klage gegen das Buch „Le grand secret".

Jedoch hat in neueren Entscheidungen[490] über Persönlichkeitsrechtsverletzungen der Präventionsgedanke Einzug gehalten beziehungsweise stärkere Betonung erfahren[491]. Auch dieser Gedanke dient dazu, dem Allgemeinen Persönlichkeitsrecht gerade gegenüber den finanzstarken Konzernen zu einem effektiven Schutz zu verhelfen. Der Präventionsgedanke neben der Genugtuungsfunktion führte dazu, dass bei der Schadenberechnung der mit der Persönlichkeitsverletzung erzielte Gewinn berücksichtigt wird[492].

Dies bedeutet zwar keine gänzliche Abschöpfung des mit der Persönlichkeitsverletzung erwirtschafteten Gewinn, führt jedoch zu einer spürbaren Erhöhung der zugesprochenen Entschädigungssummen[493]. Unabhängig davon, ob dieser Einführung des nach Beispiel des „punitif dammage" gebildeten Strafschadenersatzes hier positiv oder ablehnend begegnet wird, hat der Bundesgerichtshof bisher Entschädigungssummen mit Präventivfunktion nur in Fällen ausgesprochen, in denen vorsätzliche Persönlichkeitsverletzung zwecks Gewinnmaximierung festgestellt werden konnten[494].

Genau diese Absicht ist weder Pierre Desgraupes, noch den Verantwortlichen des Verlages Grasset et Fasquelle und auch nicht denen der Fernsehgesellschaft Antenne 2 nachzuweisen. Somit führt auch der in das deutsche Schadenrecht eingeführte Präventionsgedanke nicht zu einem Geldentschädigungsanspruch des Ehepaars Dewevre.

Einem Enthüllungsbuch wie „Le grand secret" wird man einen solchen doppelten Vorsatzes – Persönlichkeitsverletzung zwecks Gewinnerzielung – schon eher vorwerfen können. Die Autoren nahm es zumindest billigend in Kauf, die Privatsphäre der Familienangehörigen zu verletzen, und missachtete vorsätzlich eine seiner Berufspflichten, um als erster detailliert über den Gesundheitszustand des verstorbenen Staatsoberhauptes schreiben und mit diesen Informationen aus

---

490 BGHZ 128, 1 (15) – Caroline von Monaco I (Erfundene Interviews); BGH NJW1996, 984 (984) – Caroline von Monaco II (Brustkrebs); NJW 1996, 985 (985) – Caroline von Monaco III (Bildnis des achtjährigen Sohnes).

491 Stürner, AfP 1998, 1 (1).

492 Gounalakis, AfP 1998, 10 (12).

493 Gounalakis, AfP 1998, 10 (16).

494 Stürner, AfP 1998, 1 (1).

erster Hand seinen Gewinn aus diesem Buch maximieren zu können. Somit steht den Hinterbliebenen François Mitterands ein Geldentschädigungsanspruch zu.

VII) Anspruch aus § 823 II BGB in Verbindung mit § 189 StGB

Ein Anspruch aus § 823 II BGB in Verbindung mit § 189 StGB besteht nicht. Fraglich ist schon, ob § 189 StGB ein Schutzgesetz darstellt. Falls er als solcher angesehen werden könnte, müssten die Eltern von Brigitte Dewevre in den persönlichen Anwendungsbereich fallen. Auf jeden Fall setzt eine strafrechtlich relevante Rufschädigung vorsätzliches Handeln von Autor, Verlag und Fernsehgesellschaft voraus, denen aber Fahrlässigkeit vorgeworfen wurde. Vorsätzliches Handeln konnte ihnen gerade nicht nachgewiesen werden.

Gleiches gilt im Ergebnis für „Le grand secret“, weil weder Ruf François Mitterands noch der seiner Hinterbliebenen beschädigt werden sollte, sondern über die tatsächlichen Begebenheiten aufgeklärt werden sollte. Daher steht keinem Kläger Entschädigung gemäß §823 II BGB in Verbindung mit § 189 StGB zu.

VIII) Anspruch aus § 823 II BGB in Verbindung mit Artikel 1 I, 2 I GG.

Zu denken wäre noch an einen Anspruch aus § 823 II BGB in Verbindung mit Artikel 1 I, 2 I GG, der jedoch auf immateriellen Schadenersatz gerichtet wäre. Weder Brigitte Dewevre noch François Mitterand kann als Verstorbene eine Genugtuung zuteil werden, so dass auch diesem Anspruch kein Erfolg beschieden ist.

IX) Zusammenfassende Darstellung der Ansprüche

Ein Gegendarstellungsanspruch gegen Roman, Fernsehfilm und Enthüllungsbuch besteht nicht, da die hierfür nach den Landespressegesetzen erforderlichen Voraussetzungen fehlen.

Ein Anspruch auf Veröffentlichung des Unterlassungsurteils liegt deswegen nicht vor, weil dieser seiner Wirkung nach dem Widerrufsanspruch so ähnlich ist, dass er nicht zugesprochen wird, wenn dadurch ein nicht gegebener Widerrufsanspruch durch die Hintertür durchgesetzt werden würde.

Dem Ehepaar Dewevre steht nur ein Anspruch auf Unterlassung der Persönlichkeitsverletzung analog §§ 862, 823 I, 1004 I Satz 2 BGB zu. Eine solche Unterlassung kann durch die Klarstellung erreicht werden, dass Autor, Verlag und Fernsehgesellschaft auf den Hinweis auf das tatsächliche Geschehen verzichten.

Ein Anspruch auf Widerruf konnte dem Ehepaar nicht zugesprochen werden, weil dieser nicht mehr erforderlich ist, wenn schon ein Unterlassungsanspruch besteht.

Entschädigungsansprüche in Geld kommen für das Ehepaar Dewevre nicht in Betracht:

Ein Anspruch aus § 823 I BGB kann seine Genugtuungsfunktion nicht erfüllen, da die direkt Betroffene verstorben ist.

Gleiches gilt für den Anspruch aus § 823 II BGB in Verbindung mit Artikel 1 I, 2 I GG.

Auch der Präventionsgedanke ändert dieses Ergebnis nicht, weil nicht nachgewiesen werden kann, dass die Persönlichkeit vorsätzlich verletzt wurde, um den Gewinn am veröffentlichten Werk zu maximieren.

Eine Anspruch aus § 823 II BGB in Verbindung mit § 189 StGB scheitert mangels vorsätzlicher Verunglimpfung Verstorbener.

Demnach hat das Ehepaar Dewevre anders als nach französischem Recht keinen Entschädigungsanspruch. Folglich wären die Kassationsbegehren, soweit sie sich gegen die Verpflichtung zur Zahlung von Schadenersatz richten, nach deutschem Recht begründet und würden zur Aufhebung des angefochtenen Urteils führen.

Dagegen steht den Hinterbliebenen François Mitterands ein Entschädigungsanspruch aus eigenem verletzten Persönlichkeitsrecht zu, weil § 823 I BGB seine Genugtuungsfunktion ihnen gegenüber durchaus erfüllen kann.

Auch haben sie einen Anspruch darauf, dass die Veröffentlichungen aus ihrer eigenen Privatsphäre ebenso beendet werden, wie die aus der Intimsphäre des Verstorbenen Präsidenten. Dies kann nur erreicht werden durch das Verbot, das Buch „Le grand secret" zu veröffentlichen verbunden mit der Aufgabe, die schon auf dem Markt befindlichen Exemplare vom Markt zu ziehen. Der Verlag Plon würde demnach mit einem gegen diese Rechtsfolgen gerichteten Antrag auch vor einem deutschen Gericht nicht durchdringen.

E) Vergleichende Betrachtung

Sowohl in Frankreich als auch in Deutschland beinhaltet der zivilrechtliche Schutz der Persönlichkeit starke verfassungsrechtliche Aspekte: In beiden Rechtsordnungen müssen die Grundrechtspositionen, Berufsfreiheit, Freiheit der Kunst, Veröffentlichungsfreiheit beziehungsweise Informationsfreiheit einerseits und Schutz der Privatsphäre andererseits in einen gerechten Ausgleich gebracht werde. Während in Deutschland hierbei auf das Grundgesetz Bezug genommen wird, greifen französische Gericht auf die Allgemeine Menschenrechtserklärung der Vereinten Nationen oder auf die Europäische Menschenrechtskonvention zurück.

Ein den im Fall „Non Lieu" getroffenen Entscheidungen ähnlicher Fall lag in der deutschen Rechtsprechung der Entscheidung über den Roman von Klaus Mann „Mephisto – Roman einer Karriere" zugrunde. In diesem Werk beschreibt Klaus Mann unzulänglich verfremdet das Verhalten des Gustaf Gründgens in der Zeit des Nationalsozialismus. Der Autor hatte auch hier dem wirklichen Schauspieler Gründgens in seinem Roman als fiktiven Höfgen sexuelle Abartigkeit zugeschrieben, ihn als Rückversicherer beschrieben und die Person insgesamt so negativ dargestellt, dass der Roman als Schmähkritik aufgefasst wurde.

Allerdings ist dieser Fall nur unter dem Aspekt des postmortalen Persönlichkeitsschutzes gegen Romanveröffentlichung vergleichbar, da „Non lieu" nicht als Schmähkritik an Brigitte Dewevre aufgefasst werden kann. Der Mephisto-Fall selbst wäre in Frankreich deswegen auch anders entschieden worden: Zwar erfüllt diese Schmähkritik in Romanform sowohl den Tatbestand der „diffamation", als auch den der „atteinte à la vie privée", doch fehlt es an einer „diffamation" beziehungsweise einer „atteinte à la vie privée" der Hinterbliebenen, so dass diesen nur ein Schadenersatz nach Artikel 1382 Cc hätte zugesprochen werden können, nicht hingegen ein Veröffentlichungsverbot.

Schon bei überblicksartiger Lektüre der Mephisto-Entscheidungen von Bundesgerichtshof und Bundesverfassungsgericht fallen erhebliche Unterschiede der Urteilsgestaltung zur Cour de Cassation auf. Daher wird zuerst einmal auf die Besonderheiten der Cour de Cassation und ihrer Entscheidungen im Vergleich zu höchstrichterlichen Entscheidungen in Deutschland einzugehen sein.

I) Formelle Besonderheiten

Während der Bundesgerichtshof das oberstes Instanzgericht darstellt, ist die Cour de Cassation zwar oberstes Gericht, aber eben keine Instanz. Den Bundesgerichtshof erreichen nur bestimmte Fälle, nämlich die Sprungrevision von den Landgerichten und die Revision von den Oberlandesgerichten. Die Cour de Cassation hingegen kann ein jeder anrufen, der in einem gegen sich gerichteten Endurteil Rechtsfehler zu sehen meint.

Hiermit zeigt sie Parallelen zum Bundesverfassungsgericht, dem ja auch Endurteile als Akte der öffentlichen Gewalt zur Überprüfung vorgelegt werden können, wenn die Möglichkeit eines Grundrechtsverstoßes gegeben ist. Damit ist auch gleichzeitig die Grenze dieses Vergleiches aufgezeigt: Das Bundesverfassungsgericht überprüft nur Verfassungsrecht, nicht aber die materiellrechtliche Würdigung der Instanzgerichte, sofern diese nicht Verfassungsnormen auslegen oder anwenden. Außerdem steht das Kassationsgericht über den anderen Gerichten, nicht neben ihnen, während das Bundesverfassungsgericht eben keine Superrevisionsinstanz darstellt.

Ein der Cour de Cassation identisches Gericht gibt es also in Deutschland nicht. Am ehesten vergleichbar ist die Cour de Cassation dem Bundesgerichtshof. Beide Gerichte überprüfen die angefochtenen Entscheidungen lediglich in rechtlicher, nicht in tatsächlicher Hinsicht. Beide haben grundsätzlich keine eigenen Entscheidungsbefugnisse, sondern sie können bei Aufhebung der angefochtenen Entscheidung lediglich an ein unterinstanzliches Gericht verweisen. Sie dienen also beide der Wahrung einer einheitlichen Rechtsprechung. Jedoch ergeben sich auch erhebliche Unterschiede:

Durch die Möglichkeit, von jeder Instanz aus den Kassationshof anrufen zu können, sofern kein anderes Rechtsmittel mehr gegeben ist, fallen im Schnitt jährlich 18.000 Fälle bei der Cour de Cassation an[495]. So kann es geschehen, dass der Kassationshof das Urteil eines tribunal d`instance, was dem deutschen Amtsgericht entspricht[496], überprüfen muss. Er hat nicht die Möglichkeit, sich auf Fälle grundsätzlicher Natur zu beschränken[497]. Hebt nun die Cour de Cassation ein Urteil auf, so wird die Sache an ein anderes als das Ausgangsgericht verwiesen, das dann nicht der Auffassung der Cour de Cassation folgen muss. Weicht es von der Auffassung der Cour de Cassation ab, so hat diese nur dann eine Möglichkeit, auf das ergangene Urteil Einfluss zu nehmen, sofern diese Entscheidung

495 Zweigert/Kötz, § 9, I, S. 119.
496 Zweigert/Kötz, aaO.
497 Zweigert/Kötz, aaO.

erneut angegriffen wird. Kommt die Sache wieder vor den Kassationshof, so entscheidet nun die Vereinigte Kammer („chambre mixte") der Cour de Cassation.

Anders ist dies beim Bundesgerichtshof: Dessen Vereinigter Großer Senat muss gemäß § 132 II GVG erst dann zusammentreten, wenn sich zwischen den Großen Senaten des Gerichts unterschiedliche Rechtsauffassungen gebildet haben. Es gibt einen Großen Senat für Zivil- und einen für Strafsachen. Die jeweiligen Großen Senate haben gemeinsam zu beschließen, wenn sich zwischen den einzelnen Zivil- beziehungsweise Strafsenaten unterschiedliche Rechtauffassungen in entscheidungserheblichen Fragen gebildet haben.

Hat nun die Vereinigte Kammer der Cour de Cassation dem Kassationsbegehren stattgegeben, wird die Sache an ein drittes Gericht zurückgewiesen, das erst dann an die Rechtsauffassung der Cour de Cassation gebunden ist[498]. Dieses Vorgehen rührt aus der starken und autonomen Stellung, die dem französischen Richter bei der Entscheidung eingeräumt wird: Die Generalklauseln des Deliktsrechts beispielsweise machten eine Rechtsfortbildung unumgänglich. Hier wird dem Richter ein weiter Ermessensspielraum zugebilligt[499], der sich eben auch darin zeigt, dass ihm dieser Ermessensspielraum erst von der Vereinigten Kammer des obersten Gerichts für diesen einen Fall genommen werden kann.

Dem nicht unerheblichen Arbeitsaufwand, dem sich die Cour de Cassation durch diese Berufungsmöglichkeit gegenübersieht, versucht sie dadurch zu begegnen, dass sie den Begriff der Tatsachenfeststellung zumindest in jenen Fällen weit begreift, in denen sich noch eine rechtstatsächliche Entwicklung vollzieht. Dagegen gibt sich das Gericht entscheidungsfreudiger in Fällen von allgemeiner Bedeutung, die geeignet wären, die Einheitlichkeit der Rechtsprechung zu gefährden[500].

Als Tatsache gilt grundsätzlich die Auslegung von Verträgen, ebenso wie die Anwendung ausländischen Rechts, so dass sich die Cour de Cassation weigert, Urteile allein deswegen zu kassieren, weil ausländisches Recht fehlerhaft angewandt wurde[501]. Wurde allerdings eine französische Kollisionsnorm verkannt und ausländisches Recht deswegen überhaupt nicht berücksichtigt, oder ist bei Anwendung ausländischen Rechts ein schwerer Fehler unterlaufen, so greift die Cour de Cassation ein. Mithin spielen bei der Qualifikation als Tatfrage in erster Linie pragmatische Gesichtspunkte eine Rolle.

Derart kann der Bundesgerichtshof wegen § 133 GVG nicht vorgehen, der die Zuständigkeit des Bundesgerichtshofes festlegt. Das Vorgehen der Cour de Cas-

---

498 Zweigert/Kötz, aaO.
499 „pouvoir de juge": Corves, DRiZ 1966, 139 (139); Bonassies, I, 53, (55).
500 Zweigert/Kötz, aaO.
501 Zweigert/Kötz, § 9, I, S. 120.

sation erklärt sich einmal also aus der autonomen Stellung französischer Richter und zum anderen aus der Vielzahl an Fällen, die ihr jährlich vorgelegt werden.

Auch der Inhalt einer kassationsgerichtlichen Entscheidung unterscheidet sich grundlegend von einem Urteil von Bundesgerichtshof und Bundesverfassungsgericht:

Nach der Lektüre eines Urteils vom Bundesgerichtshof ist der Leser umfassend über Sachverhalt und Prozessgeschichte informiert. Im Rahmen der Urteilsbegründung, in der mit erklärenden Ausführungen nicht gespart wird, werden die verschiedenen Argumente der Vorinstanz sowie die der Beschwerdeführer aufgegriffen und mit durch Fundstellen belegten Argumenten aus Rechtsprechung und Literatur verglichen. Hierdurch kann der Leser die Entscheidung des Bundesgerichtshof nicht nur nachvollziehen, sondern auch den argumentativen Weg wissenschaftlich nacharbeiten.

Ganz anders ist der Effekt der Lektüre einer kassationsgerichtlichen Entscheidung: Der Leser wird sich des Eindrucks nicht erwehren können, der Kassationshof urteile ergebnisorientiert und pragmatisch. Das Zitieren von Gegenansichten der Literatur und anderer Gerichte wird nicht nur als unnötig erachtet, es ist ausgesprochen unerwünscht. Mimin, Verfasser eines Anleitungsbuches für den Urteilsstil, schreibt dazu: „Bei der Kategorie von Argumenten, die dem Urteil einen sophistischen Anstrich geben, verstehen wir außerjuristische Argumente als ungeeignet für die Lösung des Prozesses. Auf ökonomische, soziologische oder diplomatische Überlegungen zurückzugreifen, hieße die Genres zu verkehren; dies bedeutet, die Geradlinigkeit einer guten Argumentation zu verstecken“[502].

Dogmatische Überlegungen finden keinen, Sachverhaltsdarstellung und Prozessgeschichte nur in dem Umfang Raum, wie es für das Verständnis des kassationsgerichtlichen Urteils unerlässlich ist. Die einzige Orientierungsmöglichkeit für den Leser, der die Entscheidung nachvollziehen will, sind die dem Urteil vorangestellten allgemeinen Stichworte („visa“), zum Beispiel „responsabilité civile“.

„La responsabilité civile“ schließt alle Fälle – vertraglicher oder deliktischer Art – ein, die jemals eine zivilrechtliche Verantwortung hervorgerufen haben, vom Autounfall bis zum schlecht erfüllten Vertrag. Dieses vordergründig recherchefeindlich anmutende System erweist sich bei nähere Betrachtung als sehr recherchefreundlich, da Überbegriffe wie „responsabilité civile“ durch weiter er-

502 „Dans cette catégorie d'arguments qui donnent à la décision une apparence sophistique, nous comprendrons les arguments d'ordre extrajuridique inutiles à la solution du procès. Recourir alors aux considérations économique, sociologique, diplomatiques, c'est confondre les genres; c'est cacher la rectitude d'un bon raisonnement.“ Mimin, „Le style de jugement“, Übersetzung des Verfassers, Mimin, 3e partie, C, S. 255, 256.

läuternde und eingrenzende Begriffe wie „diffamation", „vie privée", „presse" eingegrenzt werden.

Die Kassationsrüge („moyen") des Beschwerdeführers begrenzt mit ihrer Fragestellung den Prüfungsumfang auf die nach Ansicht des Beschwerdeführers verletzten Normen. Ein „moyen" ist selten länger als 15 Zeilen, was daher rührt, dass unter den bei der Cour de Cassation zugelassenen „avocats à la Cour de Cassation" die Auffassung herrscht, kurze und knappe Schriftsätze machten einen guten Anwalt aus[503].

Eine andere Auffassung vertreten die am Bundesgerichtshof zugelassenen Anwälte, die immer für Schriftsätze mit umfassender Rechtsansicht sorgen. Die auf die „moyens" folgenden Entscheidungen nehmen diesen Hang zur Kürze auf und beschränken sich auf die Wiedergabe der „moyens". Hinzu kommt, dass die Entscheidungen auf die tragenden Sätze beschränkt bleiben: Darin liegt die besondere Kunst der Richter an der Cour de Cassation, die jedoch zur Folge hat, dass sich rechtstatsächliche, rechtspolitische oder rechtshistorische Ausführungen in Urteilen der Cour de Cassation nie[504] finden. Zitiert wird selbst dann nicht, wenn die Cour de Cassation Recht fortbildet[505]. Ein kassationsgerichtlicher „arrêt" ist selten länger als vier Seiten.

Diese bisweilen kryptische Kürze[506] der Urteile französischer Gerichte im allgemeinen und der des Kassationshofes im besonderen erleichtert den intellektuellen Zugang zu den Entscheidungen nicht eben. Sie erweist sich als extrem recherche-feindlich, was nicht nur von ausländischen Juristen kritisiert wird[507].

Kritik wurde vor allen Dingen von Juristen geäußert, die sich vergleichend mit anderen Rechtsordnungen beschäftigen. So wurde der Cour de Cassation nahegelegt, sich die Urteile des Bundesgerichtshofes zum Beispiel zu nehmen und seine Rechtsauffassung ebenso zu begründen wie dieser[508]. Diese Kritik wurde allerdings nicht nur nicht aufgenommen, sondern sogar rundweg abgelehnt[509].

503 Corves, DRiZ 1966, 139 (142).
504 Zweigert/Kötz, § 9 I, S.121.
505 Touffait/Tunc, RTD civ. 1974, 487, Rnrn. 2 (489), 6 (493), 7 (494), 13 (502).
506 Zweigert/Kötz, § 9, I, S. 121.
507 Vgl. Witz, RTD civ. 91 (1992),737 (737-738).
508 Witz, RTD civ. 91 (1992),737 (738).
509 Zweigert/Kötz, § 9 I, S. 122.

II) Materiellrechtliche Verschiedenheiten

Auch materiellrechtlich ergeben sich in Frankreich und in Deutschland Abweichungen sowohl im Deliktsrecht als auch bei der Herleitung von Persönlichkeitsrechten wie im postmortalen Rechtsschutz.

1) Unterschiede im Deliktsrecht

In Deutschland ist der deliktische Anspruch grundsätzlich auf Ersatz des materiellen Schaden begrenzt und somit in erster Linie auf den Schutz der Vermögensinteressen ausgerichtet. Nur in den gesetzlich vorgesehenen Fällen kann immaterieller Schadenersatz gewährt werden, was dessen dogmatische Herleitung in analogiewürdigen Fällen so unerlässlich macht. Der französische Gesetzgeber legte den Schadenbegriff nicht fest, sondern fand eine auf naturrechtlichen Ideen basierende Regelung, die auch immaterielle Schäden erfasst.

Der Begriff der „faute" findet teilweise seine deutsche Entsprechung in der haftungsbegründenden Verletzungshandlung, teilweise in der haftungsausfüllenden Kausalität, teilweise in der Frage nach der Schuldfähigkeit. Er stellt somit eine Vermischung aller drei Aspekte dar.

Der Kausalzusammenhang dient im deutschen Deliktsrecht dazu, Schadenersatzansprüche einerseits auf adäqaut-kausal verursachte Rechtsgutsverletzung und andererseits auf die adäquat-kausale Folge dieser Haftungsverursachung zu beschränken. Er stellt damit ein objektives Kriterium dar, das im Rahmen der deliktischen Prüfung gleich zweimal mit unterschiedlicher Akzentuierung Anwendung erfährt. Im Gegensatz dazu ist der „lien de causalité" ein pragmatisches Zuordnungs- und Wertungskriterium, dem nur in Zweifelsfällen Bedeutung zukommt.

Aus diesen Unterschieden ergeben sich auch die Verschiedenheiten in Herleitung und Anwendung des Persönlichkeitsschutzes.

2) Abweichungen in den Persönlichkeitsrechten

Das Allgemeine Persönlichkeitsrecht ist weder ausdrücklich im Grundgesetz erwähnt, noch ist es in zivilrechtlichen Normen aufgeführt. Es wurde von der

Rechtsprechung in Deutschland erstmals 1954 im Schacht-Brief-Urteil anerkannt[510], die damit Forderungen in der Literatur nachkam[511].

Das Allgemeine Persönlichkeitsrecht beinhaltet einen gegenüber jedermann geltenden Anspruch des Menschen auf Achtung seiner Würde und der Möglichkeit zur freien Entfaltung der individuellen Persönlichkeit[512]. In seiner Begründung für die Anerkennung eines Allgemeinen Persönlichkeitsrechts stützt sich der Bundesgerichtshof auf Artikel 1 I und 2 I GG[513], die das Recht des Menschen auf Achtung seiner Würde und das Recht auf freie Entfaltung seiner Persönlichkeit als privates, von jedermann zu achtendes Recht anerkennen[514].

Er brach damit mit der Rechtsprechung des Reichsgerichts[515], dem keine bindenden Grundrechte zur Begründung eines Allgemeinen Persönlichkeitsrechts zur Verfügung standen[516]. Vielmehr vertrat das Reichsgericht die Ansicht, dass dem Zivilrecht nur der Schutz von Vermögensinteressen zufalle, während der Schutz der Persönlichkeit Sache des Strafrechts sei[517].

Die tatbestandlichen Grenzen werden im Vergleich zu denen der allgemeinen Handlungsfreiheit insofern enger gezogen, als nur der Kernbereich der in Artikel 2 I GG geschützten freien Entfaltung der Persönlichkeit gewährleistet wird[518]. Jedoch ist das Allgemeine Persönlichkeitsrecht dadurch stärker als die allgemeine Handlungsfreiheit geschützt, dass es lediglich den verfassungsimmanenten Schranken unterliegt und nicht denen der weiten Trias des Artikel 2 I GG.

In Frankreich dagegen existiert der Begriff des Allgemeinen Persönlichkeitsrechts nicht nur nicht, sondern wird nicht einmal für notwendig erachtet[519]. Unter „les droits de personnalité" fallen neben den klassischen Formen des Persönlichkeitsrechts, wie Bildnisschutz, Namensschutz, Ehrenschutz und Schutz der Geheimsphäre, auch die gesamte häusliche Privatsphäre, wie Adresse und

510 BGHZ 13, 334 (338) – Leserbriefe; BGHZ 24, 72 (77) – Krankenpapiere; Schack, GRUR 1985, 352 (352); v. Hippel, RabelsZ Bd. 33 (1969), 276 (283).
511 Vgl. Benkard, GRUR 1950, 481 (481); Bussmann, JR 1955, 202 (203); v. Gamm, NJW 1955, 1826 (1826); Hubmann, JZ 1957,521 (521); Koebel, NJW 1958, 936 (937); Larenz, NJW 1955, 521 (521); Siebert, NJW 1958, 1369 (1369).
512 BGHZ 24, 72 (76).
513 Gottwald, 3. Kapitel, II, 1, S. 172.
514 BGHZ 13, 334 (338); Kübler, JZ 1984, 541 (544).
515 Kübler,123 (124); Coing, Ehrenschutz, I, S. 5.
516 Schwarz, 1. Kap., A, II, S. 6.
517 Coing, Ehrenschutz, I, S. 5.
518 Bethge, UFITA Bd. 95 (1983), 251 (255).
519 Martin, RTD civ. 1959, 227 (241).

Telephonnummer[520], das Familienleben[521], Finanzielles[522], sowie die Umstände einer Scheidung, einer Heirat oder Wiederheirat[523], der Auszug eines Ehepartners aus der gemeinsamen Wohnung[524], das uneheliche Kind[525], Schwangerschaft[526], Homosexualität[527], aber auch Gefühlsleben[528], Religion[529], Gesundheitszustand[530] und alle rein privaten Aktivitäten[531]; kurz, alles, was das Privatleben einer Person betrifft und normalerweise nur einem überschaubaren Kreis bekannt ist[532]: Trauer, andere Emotionen, Geschmack, Familienname, selbst die Marke des PKW[533]. Nach deutschem Verständnis würde man ebenfalls nicht erwarten, dass auch Rechte wie die Freiheit der Eheschließung[534] oder der Arbeitsplatzwahl[535] davon umfasst sind.

Die Anerkennung eines Allgemeinen Persönlichkeitsrechts in Deutschland war als dringlich empfunden, da die technischen Möglichkeiten für Eingriffe in die menschliche Persönlichkeitssphäre immer größer wurden[536] und der Rechtsschutz über die bestehenden zivilrechtlichen Normen unzureichend war[537]. Persönlichkeitsschutz konnte nur in einzelnen Bereichen, wie zum Beispiel dem Recht am eigenen Bild oder über die strafrechtlichen Ehrenschutzbestimmungen in Verbindung mit § 823 II BGB gewährleistet werden[538].

Heute kann Rechtsschutz auch bei fahrlässigen Ehrverletzungen gemäß § 823 I BGB gewährt werden, auch ohne dass eine Verwirklichung von §§ 185 f StGB vorliegen müsste. Denn der Persönlichkeitsschutz über § 823 I BGB ist – anders

---

520 Cabannes, D 1970, J, 466 (467); Berchon, JC civ. 1990, 133-1, B, 1°, a, Rnr. 36.
521 Berchon, JC civ. 1990, 133-1, B, 1°, a, Rnr. 36.
522 Lindon, JCP 1965, 1887, 2 vor 1.
523 Lindon, D. 1981, J, 398 (403).
524 Edelmann, D. 1971, J, 263 (265).
525 Berchon, JC civ. 1990, 133-1, B, 1°, a, Rnr. 36.
526 Lindon, D 1981, J, 457 (458).
527 Lindon et Amson, D. 1986, inf. rap., 445 (447).
528 Berchon, JC civ. 1990, 133-1, B, 1°, a, Rnr. 36.
529 TGI Paris Gaz. Pal. 1975, 1, 80 (80).
530 Mimin, D. 1967, II, jur., 181 (183).
531 „tout ce qui touche aux activités purement privées d'une personne" Berchon, JC civ. 1990, 133-1, B, 1°, a, Rnr. 36; Cabannes, D 1970, J, 466 (467).
532 Badinter, JCP 1968, 2136, I, A, Rnr. 8.
533 Berchon, JC civ. 1990, 133-1, B, 1°, a, Rnr. 40; Edelmann, D. 1981, J, 221 (222).
534 TGI Seine D. 1947, 126 (126).
535 Zweigert/Kötz, § 43 III, S. 701.
536 Seemann, Teil I, Kapitel 2, D, 1, S. 48; Kübler/Simitis, JZ 1969, 445 (445).
537 Fikentscher, § 103 II, Rnr. 1216, S. 749.
538 Larenz, Schuldrecht Bd. II, BT 2. HalbBd. § 72 III a.

als das handlungsbezogene Strafrecht – nicht von vornherein auf die Abwehr bestimmter Verletzungsformen beschränkt[539].

Erst seit Anerkennung des Allgemeinen Persönlichkeitsrechts ist es möglich, der Persönlichkeit in ihrer Gesamtheit zivilrechtlichen Schutz zu gewähren[540]. Dieser Schutz fand eine wichtige Ergänzung im Urteil des Bundesgerichtshofs vom 14. 2. 1958[541], das erstmals, ungeachtet des § 847 aF BGB, heute § 253 II BGB, eine Geldentschädigung für immateriellen Schaden zugestand.

In Frankreich stellte sich dagegen die Frage weniger nach der Begründung eines Persönlichkeitsrechts als nach seinem Schutzumfang. Möglich machte dies die Entscheidung des französischen Gesetzgebers, nur unbestimmt von Schaden zu reden, statt den Schadenbegriffes zu umgrenzen.

In der daraufhin einsetzenden Diskussion gab es Stimmen, die Schaden als materiellen Schaden begriffen wissen und einen immateriellen Schadenersatz nur bei Straftaten oder anderen streng begrenzten Fällen[542] zusprechen wollten[543]. Diese Auffassungen gelten heute als überwunden.

So erging schon 1896, also sehr viel früher als in Deutschland, eine Entscheidung, in der ein Schadenersatz zugesprochen wurde, weil Ruhe und Zurückgezogenheit des einzelnen Bürgers zu schützen seien[544].

Um dem Privatleben einen umfassenden, gesetzlich verankerten Schutz zu geben, wurde am 17. 7. 1970 Artikel 9 Cc in den Code eingefügt, der Richtigstellung und Beschlagnahme als Rechtsfolgen vorsieht. Dieses war bisher nur nach dem Pressegesetz möglich[545].

Schon früher hatten französische Gerichte die nunmehr in Artikel 9 Cc vorgesehenen Rechtsfolgen den Betroffenen auf Grundlage des Artikel 1382 Cc zugesprochen. Hiermit befanden sie sich allerdings auf unsicherem Boden, da Artikel 1382 Cc nur die Rechtsfolge Schadenersatz normiert, dies allerdings in Form der Naturalrestitution. Auf Grundlage des naturalrestitutiven Gedankens hatten die französischen Gerichte die nunmehr in Artikel 9 Cc normierten Rechtsfolgen bereits zuvor zugesprochen, so dass sich durch die Einfügung dieses Artikel in der Sache nicht viel geändert hat[546].

---

539 Stoll, Jura 1979, 576 (577).
540 Weitnauer, DB 1976, 1365 (1365).
541 BGHZ 26, 349 – 359 – Herrenreiter.
542 Moragne, D., 1962, III, chron., 15 (15).
543 Zweigert/Kötz, § 43 III, S. 700.
544 Sarraute, Gaz. Pal. 1966, I, doctrine 12 (13).
545 Bormann, 2. Kap., § 1, B, I, 2, S. 72.
546 Hubrecht, 63 (65); Gounalakis, Privacy, C), VII), 2), d), S.74.

In seiner Begriffsbestimmung ist das Allgemeine Persönlichkeitsrecht in Deutschland von einer generalklauselartigen Weite und Unbestimmtheit[547]. Damit entspricht es im Grunde dem Wesen der Persönlichkeit, welche sich gerade nicht in feste Grenzen schließen lässt[548]. Eine Aneinanderreihung einer Vielzahl von Einzelbestimmungen zum Schutz der menschlichen Persönlichkeit wäre der Aufgabe, umfassenden Schutz zu gewähren[549], nicht gerecht geworden[550]. Mit einer Generalklausel hingegen war es möglich, auch künftige Entwicklungen der Persönlichkeitsbeeinträchtigungen sofort und effektiv zu begegnen[551]. Aus dem Allgemeinen Persönlichkeitsrecht kann für bestimmte Persönlichkeitsbereiche ein ihrer Eigenart entsprechender spezieller Rechtsschutz abgeleitet werden[552]. Häufig wird das Allgemeine Persönlichkeitsrecht daher auch als Mutterrecht[553] oder Rahmenrecht[554] bezeichnet.

Auch das Persönlichkeitsrecht französischer Prägung beruht auf der Generalklausel des Artikel 1382 Cc, allerdings einer naturrechtlichen Klausel, die in der deutschen Rechtsvergleichung als „in feierlichem Pathos verfasst" bespöttelt wird[555]. Es ist, wie sein deutsches Pendant, auf richterliche Rechtsfortbildung zurückzuführen[556]. Im Laufe dieser Fortentwicklung wurde jedoch mehr und mehr auf den Nachweis von Verschulden und Schaden verzichtet, so dass ein gegen allgemeine Verhaltensnormen verstoßendes Verhalten Verschulden und immateriellen Schaden begründet[557].

Die Rechtswidrigkeit einer Verletzung des Allgemeinen Persönlichkeitsrechts in Deutschland wird nicht durch den Eingriff selbst indiziert, sondern ist erst aufgrund einer umfassenden Güter- und Interessenabwägung zu ermitteln[558].

Die Feststellung einer rechtswidrigen Verletzung des Allgemeinen Persönlichkeitsrechts ist immer anhand des jeweiligen Einzelfalles zu beurteilen, da seine Reichweite wegen der Unbestimmtheit dieses Rechts grundsätzlich nicht von vornherein festliegt[559]. Hierbei sind die jeweils gegeneinanderstehenden Interes-

547 BGHZ 24, 72 (78).
548 BGHZ 24, 72 (78).
549 Grünhut, ZStW Bd. 74 (1962), 319 (319).
550 Ehlers, A, I, S. 6.
551 Hubmann, II, § 18, h, S. 137.
552 Stoll, Jura 1979, 576 (577).
553 Stoll, Jura 1979, 576 (577).
554 Münchener Kommentar-Rixecker, § 12 Anhang, Rnr. 7.
555 Ferid/Sonnenberger, 2 O 4, S. 445; Zweigert/Kötz, § 40 IV, S. 620
556 Ehlers/Baumann, ZVglR Bd. 77, (1978), 241 (242); Gounalakis, AfP 1998, 10 (10).
557 TGI Paris Gaz. Pal., 1970, som., 64 (64); Edelmann, D. 1970, chronique XXVI, 119 (119).
558 Soergel-Zeuner, § 823, Rnr. 67.
559 BGHZ 24, 72 (80).

sen sowie sonstige Umstände, insbesondere Art und Schwere der Beeinträchtigung, ihr Ausmaß und das Verhalten des Verletzten, in die Würdigung einzubeziehen[560]. Kurz, die widersprechenden Grundrechtspositionen müssen gegeneinander abgewogen werden[561].

Grundsätzlich entfalten Grundrechte keine unmittelbare Wirkung im Zivilrecht mit Ausnahme von Artikel 9 III S 2 GG[562]. Mittelbare Auswirkungen entwickeln sie jedoch über die sogenannten Einfallstore der unbestimmten Rechtsbegriffe. Auch das Allgemeine Persönlichkeitsrecht mit seiner generalklauselartigen Weite stellt einen unbestimmten Rechtsbegriff dar, so dass es im Lichte der Grundrechte auszulegen ist[563]. Daraus erklärt sich die umfassende verfassungsrechtliche Abwägung, die der Bundesgerichtshof im Rahmen der Rechtswidrigkeit bei Persönlichkeitsverletzungen vornimmt.

Zwar wird auch in Frankreich in der Verfassung vom 5. Oktober 1958 die Geltung der Menschenrechtserklärung von 1789 hervorgehoben, in der die Freiheitsrechte des einzelnen garantiert sind. Jedoch spielte Verfassungsrecht in französischen Entscheidungen zum Persönlichkeitsrecht im Gegensatz zu deutschen Entscheidungen keine Rolle, weil diese Freiheitsrechte eher programmatischen Charakter haben und am ehesten mit den Staatszielbestimmungen im deutschen Verfassungsrecht vergleichbar sind[564].

Hie unterscheiden sich die Entscheidungen zu „Non Lieu“ von der zu „Le grand secret“: Erstere kommen weitgehend ohne Ausführungen zu den widerstreitenden Grundrechtspositionen aus, während Letztere durchaus die Veröffentlichungsfreiheit des Autors gegen die Position der Kläger abwägt. Dies liegt daran, dass der Einfluss des Verfassungsrechts zunimmt und den Prüfungsmaßstab erweitert:

In Frankreich haben völkerrechtliche Verträge nach Artikel 55 der Verfassung der V. Republik übergesetzlichen Rang. Nachdem Frankreich 1979 die Europäische Menschenrechtskonvention ratifiziert und 1981 auch die Individualbeschwerde akzeptiert hatte, häuften sich die Verfahren beim Europäischen Gerichthof für Menschenrechte in Straßburg. Um diese zu vermeiden, schien es dem Staatsrat (Conseil d'Etat) besser die völkerrechtlichen Normen großzügig selbst anzuwenden[565].

Da jedoch die Kontrolle der Verfassungsmäßigkeit von Gerichtsentscheidungen mangels konkreter Normenkontrolle in Frankreich den Fachgerichten über-

---

560 von der Decken, 1. Teil, 1. Kap., § 2, S. 12.
561 Zippelius, FS-Hubmann, 511 (511).
562 Maunz/Dürig-Scholz, Art. 9, Rnr. 171.
563 Pieroth/Schlink, Rnr. 181, S. 46.
564 Grewe, EuGRZ 2002, 209 (210).
565 CE JCP 1998, II, jur., 21371.

lassen wird, hatten diese maßgeblichen Anteil an der konkreten Ausgestaltung von Grundrechten im Einzelfall[566]. Daher finden sich vor allen Dingen seit Anfang der neunziger Jahre immer mehr Entscheidungen, die sich auf völkerrechtlichen Normen, insbesondere solchen der EMRK berufen[567]. Hiermit hielt auch die aus dem deutschen Recht bekannte Technik der Interessenabwägung innerhalb von Grundrechtspositionen Einzug in die zivilrechtliche Spruchpraxis.

Der Unterschied des Persönlichkeitsrechts nach deutscher Rechtslage zum französischen Recht liegt demnach darin, dass in Frankreich die Generalnorm einen Persönlichkeitsschutz sehr viel früher möglich machte als in Deutschland. Hier sah sich die Rechtsprechung durch die Beschränkung auf materielle Schäden nach § 253 BGB und auf die gesetzlich normierten Fällen des immateriellen Schadenersatzes gehindert, Geldersatz für Persönlichkeitsverletzungen, wie von Teilen der Literatur gefordert[568], auszusprechen. Dies war erst nach Inkrafttreten des Grundgesetzes möglich, in dem das Recht auf freie Entfaltung der Persönlichkeit und der Schutz der Menschenwürde normiert wurden. Das Allgemeine Persönlichkeitsrecht stellt in Deutschland eine Generalklausel dar, wurde aber als sonstiges Recht im Rahmen des § 823 I BGB auf eine dogmatische Grundlage gestellt.

Dagegen herrschten in Frankreich seit Erlas des Code civil dessen deliktische Generalklauseln, so dass die dogmatische Einbindung einer weiteren Generalklausel in das Deliktsrecht nicht notwendig erschien.

Im Ergebnis herrschen also sowohl im französischen als auch im deutschen Recht zum Schutz der Persönlichkeit Generalklauseln. Trotz ähnlicher Grundlage ergeben sich aber Abweichungen in der Rechtsfolge nicht nur bei einer Verletzung des postmortalen Persönlichkeitsrechts.

3) Besonderheiten des Postmortalen Persönlichkeitsschutzes

Während französische Gerichte eher gewillt sind, Schadenersatz auszusprechen[569], um einerseits den Hinterbliebenen Genugtuung widerfahren zu lassen, und andererseits den für die Verletzung Verantwortlichen zur Rechenschaft zu ziehen, ohne in seine Veröffentlichungsfreiheit einzugreifen, ist den deutschen Gerichten ein Geldersatz für postmortale Verletzungen verwehrt:

566 Grewe, EuGRZ 2002, 209 (212).
567 Grewe aaO.
568 Allfeld, DJZ 1922, 584 (587).
569 Dessemontet, GRUR-int 1980, 272 (272).

Im Unterschied zur französischen Rechtsprechung, die den Andenkenschutz der Hinterbliebenen, also ein eigenes postmortales Persönlichkeitsrecht des Klägers verletzt sehen, stützt sich die Klagebefugnis der Hinterbliebenen in Deutschland nach Ansicht der Rechtsprechung auf das abgeleitete Recht des Verstorbenen, dem ja keine Genugtuung mehr zuteil werden kann. Rechtsfolgen sind dann Widerruf, Richtigstellung, Unterlassung, also quasi-negatorische Ansprüche, die bis zum Veröffentlichungsverbot reichen können[570].

Hieran änderte auch die Rechtsprechung des Bundesgerichtshof zu Marlene Dietrich nichts.

Zum Einen betraf diese weniger den Schutz der Verstorbenen vor verunglimpfender Darstellung oder Verfälschung des Lebensbildes als den Schutz der Hinterbliebenen davor, dass Persönlichkeitsmerkmale der Verstorbenen zu freier Handelsware verkommen.

Diese Anerkennung vermögenswerter Interessen im Rahmen des Allgemeinen Persönlichkeitsrecht steht nicht im Widerspruch zur bisherigen Rechtsprechung[571]; hatte der Bundesgerichtshof doch schon in der „Paul Dahlke – Entscheidung" den Schutz kommerzieller Interessen an der Persönlichkeit in den Schutzbereich des Allgemeinen Persönlichkeitsrechts einbezogen[572].

Hier wurde für den unautorisierten Einsatz eines Bildes zu Werbezwecken eine Schadenersatz in Höhe einer hypothetischen Lizenzgebühr zugesprochen[573]. Hieran schlossen sich die Entscheidungen zu NENA[574] und Joachim Fuchsberger[575] nahtlos an, in denen ebenfalls die nicht autorisierte Verwendung von Photographien zu Merchandising- oder Werbezwecken in Frage standen. Auch in der „Mephisto – Entscheidung" blieb der vermögenswerte Aspekt des Allgemeinen Persönlichkeitsrecht nicht unangesprochen, in dem der Bundesgerichtshof ausführte, dass „das Persönlichkeitsrecht – abgesehen von seinen vermögenswerten Bestandteilen – als höchstpersönliches Recht unübertragbar und unvererblich ist"[576]. Das Gericht sah allerdings keinerlei Anhaltspunkte für einen Eingriff in diese Bestandteile, so dass es die Verletzung des Allgemeinen Persönlichkeitsrechts nur unter dem Gesichtspunkt des Immaterialschaden sanktionierte. Insofern stellt sich die „Marlene Dietrich – Entscheidung" als konsequente Fortführung der Rechtsprechung des Bundesgerichtshof zum Immaterialgüterecht dar.

---

570 BGHZ 50, 133 (147) – Mephisto.
571 Wagner, GRUR 2000, 717 (717).
572 BGHZ 20, 345 (350).
573 BGHZ 20, 345 (352 f.).
574 BGH GRUR 1987, 128 (129).
575 BGH NJW 1992, 2084 (2084).
576 BGHZ 50, 133 (133).

Gleichzeitig wird dieser im Zeitpunkt seiner Entwicklung nicht entscheidungsrelevante vermögenswerte Aspekt der Persönlichkeitsrechte jetzt erstmals für das Allgemeine Persönlichkeitsrecht einschließlich seiner postmortalen Erweiterung verallgemeinert und die beiden Ausprägungen des Persönlichkeitsrechts klar herausgearbeitet[577].

Die Kritik, die sich daran entzündete, dass der Bundesgerichtshof mit dieser Entscheidung einer zunehmenden Kommerzialisierung der Person und damit der Schaffung eines marktgängigen Immaterialgüterechts Vorschub leiste[578], geht fehl: Die Nutzung von Persönlichkeitsmerkmalen Prominenter zu Werbezwecken ist wirtschaftliche Realität und führt unter Lebenden zu einer nicht unerheblichern Nebenerwerbsquelle des Werbeträgers[579]. Die Rechtsprechung des Bundesgerichtshof sucht diese gesellschaftliche Wirklichkeit in geordnetere Bahnen zu führen und stärkt somit die Position des ungefragt als Werbeträger Benutzten[580].

Die Rechtsfolgen Widerruf, Richtigstellung, Unterlassung sind nach französischem Recht grundsätzlich nur bei unmittelbarer Schadenzufügung durch „diffamation“ oder „atteinte à la vie privée“ möglich, Normen, die vorsätzliches Handeln voraussetzen. Die nach deutschem Recht auszusprechenden Rechtsfolgen bedeuten einen sehr viel stärkeren Eingriff in die Freiheiten des Schädigers, als die Verpflichtung zum Ersatz des immateriellen Schaden: Die Verpflichtung zum Schadenersatz tritt in den seltensten Fällen an die Öffentlichkeit, während ein Widerruf, eine Gegendarstellung oder eine Berichtigung in einem Buch jedem Leser auffällt.

Französische Gerichte sind eher geneigt, dem Opfer eine manchmal sehr geringe bis symbolische[581] Summe zukommen zu lassen, als in die Grundfreiheiten des Verletzenden einzugreifen. Eine symbolische Entschädigung bleibt einem deutschen Gericht verwehrt. Dieser Rechtsfolge am nächsten wäre eine Feststellungsklage nach § 256 ZPO, die aber mit Rücksicht auf den eindeutigen Wortlaut dieser Norm nicht zugelassen wird[582].

Die vergleichsweise geringen Eingriffe in die Rechtsposition des Schädigers in Frankreich führen paradoxerweise zu einem umfassenderen Schutz der postmortalen Persönlichkeit, weil der Anreiz sich gegen Persönlichkeitsverletzungen zu wehren, dadurch erhöht wird, dass eine Geldentschädigung möglich ist.

---

577 Vgl. Jacobs, WRP 2000, 896 (896), der das Urteil als bahnbrechend bezeichnet und Ullmann, WRP 2000, 1049 (1053), der dem Urteil epochale Bedeutung beimisst.

578 Vgl. Schack, JZ 2000, 1060 (1060).

579 Vgl. auch MK-Rixecker Anh. § 12, RNr. 44.

580 BGH NJW 2000, 2195 (2199), vgl. auch Götting NJW 2001, 585 (586).

581 Carrigues, RTD civ. 1991, 459 (460).

582 BGHZ 68, 331 (332).

Gleichzeitig birgt dies auch die Gefahr einer Kommerzialisierung der Persönlichkeit in sich[583], der die französischen Gerichte dadurch entgegentreten, dass sie maßvolle Entschädigungen zusprechen[584].

Die Entwicklung in der neueren deutschen Rechtsprechung kann dazu führen, dass auch bei postmortalen Persönlichkeitsverletzungen, die zur Gewinnerzielung vorsätzlich begangen wurden, aus Präventionsgedanken eine Entschädigung zugesprochen wird. Dann hätten sich auch die Rechtsfolgen der beiden Rechtsordnungen dahingehend angenähert, dass auch im deutschen Recht Entschädigungsansprüche aus postmortalen Persönlichkeitsverletzungen möglich wären. Jedoch würde dieser Anspruch ungleich höheren Voraussetzungen, nämlich der vorsätzlichen postmortalen Persönlichkeitsverletzung zwecks Gewinnmaximierung, also einem doppelten Vorsatz unterliegen.

Hier könnte sich Konsequenzen aus der „Marlene Dietrich – Entscheidung“ auf die „Caroline von Monaco – Doktrin“[585] ergeben: Bei einer Trennung von ideellen und kommerziellen Interessen innerhalb des Persönlichkeitsrechts könnte man im Abdruck eines erfundenen, nicht ansehensmindernden Interview einen Eingriff in die vermögenswerten Bestandteile des Persönlichkeitsrechts sehen, weil nicht eine ehrenrührige Beeinträchtigung der Persönlichkeit im Raume steht, sondern die Auflagensteigerung durch ein Exklusivinterview mit einem Prominenten. Daher könnte man in dieser Entscheidung den Versuch sehen, den wirtschaftlichen Wert einer Persönlichkeitsverletzung abzuschöpfen, dem eine Beeinträchtigung ideeller Interessen nicht oder jedenfalls nicht in einem adäquaten Verhältnis gegenübersteht[586]. Jedoch war das Argument, dass sich die Vorsätzlichkeit der Persönlichkeitsverletzung und die dahinter stehende Gewinnerzielungsabsicht auf das Schmerzensgeld auswirken muss, der tragende Gedanke der Entscheidung. Deswegen zog das Gericht bei der Bestimmung der Schmerzensgeldhöhe die vom Verlag erhoffte Auflagensteigerung heran. Außerdem stellte es darauf ab, dass ohne eine für den Verlag spürbare Geldentschädigung die Klägerin einer rücksichtslosen Zwangskommerzialisierung ihrer Persönlichkeit weitgehend schutzlos ausgeliefert sei.

Somit wird auch in Zukunft zwischen der Ausnutzung der Persönlichkeit beziehungsweise ihrer Merkmale zu Werbezwecken und einer rechtswidrigen Berichterstattung durch die Medien zu differenzieren sein. Der Bundesgerichtshof sah sich in der „Marlene Dietrich – Entscheidung“ nicht veranlasst, darauf ein-

---

583 Esmein, D. 1954, chronique XIX, 113 (115), eine Gefahr, der die Gerichte gerade dadurch zu begegnen suchen, dass sie durch Anerkennung des vermögenswerten Aspekt der Persönlichkeit die Position des Verletzten stärken.

584 Lindon, JCP 1970, I, 2336, Rnr. 4; Simon, 2. Teil, C, II, S. 210.

585 BGHZ 128, 1 (15).

586 So Ullmann, AfP 1999, 209 (209).

zugehen, ob die Anerkennung vermögenswerter Bestandteile auch bei der Verletzung des Persönlichkeitsrechts durch publizistische Berichterstattung in Betracht kommt[587].

Trotz aller Annäherung lassen sich doch Unterschiede hinsichtlich der Voraussetzungen für den immateriellen Schadenersatz erkennen.

Ein immaterieller Schadenersatz wird im deutschen Recht nur dann gewährt, wenn die Persönlichkeitsverletzung nicht auf andere Art und Weise wiedergutgemacht werden kann und gleichzeitig eine besonders schwere Verletzung vorliegt. Damit ist im deutschen Recht der immaterielle Schadenersatz bei Persönlichkeitsverletzungen sozusagen subsidiär. Im französischen Recht dagegen kann der Richter frei zwischen Entschädigung für erlittene immaterielle Schäden, Beseitigungs- oder Unterlassungsanspruch wählen.

Schon die um Strafschadenersätze entbrannte Diskussion in Deutschland zeigt einen Vorteil der französischen Rechtslage: Zwar ist das Allgemeine Persönlichkeitsrecht in Deutschland anerkannt, doch bedarf es einer dogmatischen Begründung, die aufgrund Verfassungsrechts heute existiert. Die Annahme eines postmortalen Persönlichkeitsschutzes verlangte nach einer Präzisierung dieser Dogmatik, die mittlerweile ebenfalls allgemein anerkannt ist. Um die finanzstarken Medienkonzernen zur Beachtung des Allgemeinen Persönlichkeitsrechts zu zwingen, wurde nach Ansicht des Bundesgerichtshofs ein von der Literatur freilich als notwendig bezweifelter[588] Präventionsgedanke nötig, der einer umfassenden dogmatischen Herleitung bedarf.

Dies alles ist im französischen Deliktsrecht einerseits nicht notwendig, weil es nur das Grundprinzip normiert, dass zugefügter Schaden zu ersetzen ist. Andererseits war eine pragmatische Rechtsprechung für die frühe Einführung eines umfassenden Persönlichkeitsschutzes verantwortlich, bei dem auch ein Präventionsgedanke Einzug gehalten hatte[589], wenn auch nicht in einer mit Deutschland vergleichbar starken Ausprägung.

Gleichzeitig birgt eine solche pragmatische Rechtsprechung jedoch eine gewisse Rechtsunsicherheit, weil es an einer berechenbaren Dogmatik fehlt. Aus dem naturrechtlichen Ansatz in Frankreich erklärt sich auch, dass die in der deutschen Rechtslehre im Anschluss an die Caroline-Entscheidungen geführte Debatte über Sinn und Unsinn eines Strafschadenersatzes sowie über dessen dogmatische Herleitung in Frankreich nicht mit dieser Intensität geführt wird.

---

587 Soehring/Seelmann-Eggebert, NJW 2000, 23466 (2468, 2469).
588 Gounalakis, AfP 1998, 10 (10).
589 Lindon, JCP 1970, I, 2336, Rnr. 5.

III) Abschließende Betrachtung und Ausblick

Der Persönlichkeitsschutz beruht in beiden Rechtsordnungen auf Generalklauseln und somit auf richterlicher Rechtsfortbildung. Unterschiedlich ist die Begründung:

Während in Deutschland das Grundgesetz die Einführung des Allgemeinen Persönlichkeitsrechts als sonstiges Recht in die Aufzählung des § 823 I BGB dogmatisch erst möglich machte, beruht sein französisches Pendant auf naturrechtlichen Prinzipien. In Frankreich konnte demnach einer in ihrem Persönlichkeitsrecht verletzten Person gemäß Artikel 1382 Cc bereits Schadenersatz für erlittene „dommage moral" zuerkannt werden, als in Deutschland noch über die Anerkennung eines Allgemeinen Persönlichkeitsrechts diskutiert wurde.

Im deutschen Zivilrecht soll heute der Ausgleich der sich widerstreitenden Interessen dadurch gewährleistet werden, dass maßvoll in die Grundrechtsposition des einen zugunsten des anderen eingegriffen wird. Das französische Deliktsrecht ist hingegen um einen finanziellen Ausgleich bemüht, so dass die Rechtsposition der freien Meinungsäußerung nur mittelbar berührt wird.

Während der Schutz der Persönlichkeit in Frankreich durch die Vielzahl der Entscheidungen seine richterrechtliche Ausprägung anscheinend gefunden hat, zeigt die neuere Rechtsprechung in Deutschland, dass die Entwicklung des Allgemeinen Persönlichkeitsrechts und seines Rechtsschutzes noch stark im Fluss ist.

Hierfür sorgt auch die neueste Rechtsprechung des Europäischen Gerichtshof für Menschenrechte in Straßburg, die auch dem deutschen Persönlichkeitsrecht neue Impulse geben wird[590]: Der Verlag Plon hat gegen das Urteil der Cour de Cassation Beschwerde beim Europäischen Gerichtshof für Menschenrechte eingelegt, über die am 18.05.2004 entschieden wurde.

Der Europäische Gerichtshof für Menschenrechte ist der Ansicht, das Verbot des Buches „Le grand secret" im Wege des Eilrechtschutzes sei wegen Missachtung der ärztlichen Schweigpflicht und auch dadurch gerechtfertigt gewesen, dass es den Kummer der Angehörigen über den Verlust des kürzlich Verstorbe-

590 Vgl. requête N° 59320/00 (v. Hannover ./. BR Deutschland) im Internet am 26.09.2004 veröffentlicht unter: http://cmiskp.echr.coe.int/tkp197/view.asp?item=1&portal=hbkm&action=html&highlight=Hannover%20%7C%20Allemagne%20%7C%2059320/00&sessionid=411063&skin=hudoc-fr; requête N° 58148/00 (Plon ./. France), im Internet am 26.09.2004 veröffentlicht unter: http://cmiskp.echr.coe.int/tkp197/view.asp?item=1&portal=hbkm&action=html&highlight=Plon%20%7C%20France&sessionid=411063&skin=hudoc-fr.

nen verstärkt habe. Außerdem sei das Verbot bis zur Entscheidung in der Hauptsache zeitlich begrenzt und daher verhältnismäßig[591].

Anders verhielte es sich dagegen mit der Aufrechterhaltung des Veröffentlichungsverbotes im Hauptsacheverfahren gut neun Monate später durch den TGI Paris am 23.10.1996[592]: Je länger der Todeszeitpunkt zurückläge desto mehr verlöre dieses Ereignis an Gewicht. Gleichzeitig wüchse das öffentliche Interesse an einer historischen Aufarbeitung von 14 Jahren Präsidentschaft unter François Mitterand, was sich auf den Schutz seiner Rechte – auch im Hinblick auf die ärztliche Schweigepflicht – auswirke.

Im Anschluss daran stellt der Gerichtshof fest, dass auch historische Erörterungen den Arzt nicht von seiner Verschwiegenheitspflicht entbinden. Allerdings müsse ab dem Zeitpunkt, in dem ihre Missachtung für den Autor strafrechtliche Folgen gehabt habe, dem Zeitablauf Rechnung getragen werden, um die Vereinbarkeit eines Veröffentlichungsverbotes mit der Meinungsfreiheit nach Art 10 EMRK beurteilen zu können. Nach Ansicht des Gerichtshofes scheint sich die ärztliche Schweigepflicht de facto selbst erledigen zu können, wenn er ausführt, dass von dem Buch am ersten Tag seines Erscheinen über 40.000 Exemplare verkauft worden seien und es mittlerweile im Internet veröffentlicht ist. Damit habe der Inhalt des Buches tatsächlich an Vertraulichkeit verloren.[593]

Die Aufrechterhaltung des Veröffentlichungsverbotes im Hauptsacheverfahren sei auch deswegen unverhältnismäßig, weil dem Schadenersatzbegehren der Angehörigen stattgegeben worden sei[594].

An dieser Stelle rächt es sich, dass weder die Cour de Casstion noch die Untergerichte differenzierten, auf welcher Grundlage welche Rechtsfolge basiert[595]: Ein Verbot des Buches wegen Verletzung der „vie privée" der Angehörigen wäre sicherlich unverhältnismäßig, denn diese hätte durch Streichung der entsprechenden Stellen für die Zukunft vermieden werden können. Die schon erlittene Verletzung der „vie privée" jedoch rechtfertigt die Verpflichtung zum Ersatz des immateriellen Schaden. Dies ist streng zu unterscheiden von der Verletzung der ärztlichen Schweigepflicht, die das Verbot der weiteren Verbreitung der durch ein Vertrauensverhältnis erlangten Informationen rechtfertigt.

Die Tatsache, dass der Autor wegen Verletzung der Schweigepflicht strafrechtlich zur Verantwortung gezogen wurde, kann sich eigentlich nicht negativ auf den zivilrechtlichen Schutz der durch diesen Verstoß Betroffenen auswirken. Auch bleibt unklar in welchem Zeitpunkt und warum sich die ärztliche Schwei-

591 Requête N° 58148/00 (Plon ./. France) §47.
592 TGI Paris, JCP 1997, II, 22844.
593 Requête N° 58148/00 (Plon ./. France) §53.
594 Requête N° 58148/00 (Plon ./. France) §54.
595 Vgl. C), V), 14 – Rechtsfolgen bezüglich "le grand secret".

gepflicht als Vertrauensgrundlage zwischen Arzt und Patient tatsächlich erübrigen sollte. Eine auf solche Weise erlangte Information kann nicht allein deswegen so detailliert vermarktet werden dürfen, weil sie einem großen Kreis bekannt geworden ist.

Auch das Argument, dass mit Zeitablauf das öffentliche Interesse an einer historischen Aufarbeitung von 14 Jahren Präsidentschaft durch François Mitterand wüchse, kann diese detaillierte Beschreibung seines Krankheitsverlaufes nur schwerlich rechtfertigen:

Die Krankheit des Präsidenten war seit 1991 bekannt[596] und die Tatsache, dass er die Bevölkerung hierüber zehn Jahre im Unklaren gelassen hatte, wurde von politischen Mitstreitern nach dem Ende der Präsidentschaft der Öffentlichkeit mitgeteilt[597].

Außerdem erscheint ein Zeitraum von einem knappen Jahr sehr eng bemessen, um die faktische Aufhebung der ärztlichen Verschwiegenheitspflich annehmen zu können.

Aus dem Urteil des Europäischen Gerichtshofes für Menschrechte wird nicht deutlich, weswegen es für die historische Debatte wichtig sein soll, dass François Mitterand bei Eröffnung der Diagnose einen blauen Pyjama trug[598], wie sein Behandlungsplan ausgelegt war und auf welches Medikament sein Körper mit welcher Nebenwirkung reagierte. Die erlittenen Persönlichkeitsverletzungen der Angehörigen bleiben gänzlich unberücksichtigt.

Mit diesem Urteil wurde zumindest dem prominenten Patienten und damit dem Schutz seiner Persönlichkeit kein Gefallen getan, weil er sich nicht mehr der ärztlichen Verschwiegenheit sicher sein kann[599]. Für den um den Schutz seiner Persönlichkeit Ringenden wird die Rechtslage nicht unkomplizierter, wenn er neben dem auf nationaler Rechtsfortbildung basierendem Schutz der Persönlichkeit auch noch die Einzelfallrechtsprechung des Europäischen Gerichtshofes für Menschrechte beachten muss.

Vor diesem Hintergrund schließt sich die Frage an, ob nicht ein Europarechtlich harmonisiertes Persönlichkeitsrecht einem durch die verschiedenen Rechtsprechungen konkretisierten Persönlichkeitsrecht vorzuziehen ist[600].

---

596 Vgl. requête N° 58148/00 (Plon ./. France) §44

597 Requête N° 58148/00 (Plon ./. France) aaO.

598 Vgl. Fußnote 3.

599 Vgl. Guedj, D. 2004, jur., 1838 (1841).

600 Für eine Harmonisierung zumindest des Obligationsrechtes: Witz, D. Numéro spécial, bicentaire du Code civil, 08.04.2004, S. 23 – 27, dagegen: Cornu, ebenda, S. 28 – 29.

FSC
www.fsc.org
MIX
Papier | Fördert gute Waldnutzung
FSC® C083411

Kolibri 360 GmbH
Ferdinand-Jühlke-Straße 7
99095 Erfurt, Deutschland
produktsicherheit@kolibri360.de

Druck:
CPI Druckdienstleistungen GmbH
im Auftrag der
Kolibri 360 GmbH
Ferdinand-Jühlke-Str. 7
99095 Erfurt